知识生产的原创基地
BASE FOR ORIGINAL CREATIVE CONTENT

颉腾文化
JIE TENG CULTURE

跟着悟空游山西

李广洁◎编著

华龄出版社
HUALING PRESS

图书在版编目（CIP）数据

跟着悟空游山西 / 李广洁编著. -- 北京 ： 华龄出版社, 2024. 9. -- ISBN 978-7-5169-2905-6

Ⅰ. K928.925

中国国家版本馆 CIP 数据核字第 20249NZ015 号

策　　划　颉腾文化

责任编辑　貌晓星　　**责任印制**　李未圻

书　　名　跟着悟空游山西　　**编　　著**　李广洁

出　　版

发　　行　华龄出版社 HUALING PRESS

社　　址　北京市东城区安定门外大街甲 57 号　　**邮　　编**　100011

发　　行　（010）58122255　　**传　　真**　（010）84049572

承　　印　三河市中晟雅豪印务有限公司

版　　次　2024 年 9 月第 1 版　　**印　　次**　2024 年 9 月第 1 次印刷

规　　格　650mm × 910mm　　**开　　本**　1/16

印　　张　15　　**字　　数**　179 千字

书　　号　ISBN 978-7-5169-2905-6

定　　价　99.00 元

目录

第一章 晋北线

第二章 晋中线

第三章 晋南线

第四章 晋东南线

导读

行走山西，
探秘古典艺术的殿堂

1961 年，国务院公布了第一批全国重点文物保护单位（简称国保单位），截至 2024 年总计公布了八批。全国现有国保单位 5058 处，山西拥有国保单位 531 处。山西的国保单位以数量大、质量高、种类全、年代跨度大、保存完好而闻名全国。山西的国保单位有极高的美誉度，尤其是精彩纷呈的楼、塔、殿、阁，多姿多彩的彩塑、壁画，精雕细琢的木雕、砖雕、石雕，一直深深吸引着来自世界各地的游客。

在新近面世的国产 3A 游戏巨作《黑神话：悟空》的古建筑取景地中，山西一地占 32 处以上，让山西多处国保单位再次惊艳世界。拥有 1500 多年历史的云冈石窟作为国际石刻艺术明珠，以大唐建筑佛光寺、南禅寺为代表的五台山古建筑群，应县木塔、万荣飞云楼令人惊叹的木构巨制，隰（xí）县小西天、长治观音堂让人陶醉的悬塑，平遥双林寺、晋城玉皇庙、高平铁佛寺精美绝伦的彩塑，芮城永乐宫、广胜寺水神庙富丽堂皇的壁画，恢宏壮丽的天下武庙之冠解（hài）州关帝庙，一次次刷新游客对山西古建筑艺术的认知。

为了给各地游客提供一本帮助他们前往山西“访古探宝”的欣赏指南，直观形象地展示这几十处古建筑的艺术之美，作者以高质量、多角度的图片呈现古建筑的风姿，以简明扼要、通俗易懂的文字阐释古建筑的看点、价值，伴随大家进入山西这座古典艺术的殿堂，领略美不胜收的古建筑艺术盛宴！

第一章 晋北线

云冈造像布满山　悬空古刹挂崖间　寺院林立五台山

黄风岭，八百里，曾是关外富饶地，一朝鼠患凭空起，乌烟瘴气渺人迹……

伴随着“无头僧人”激昂的陕北唱腔，我们的小猴子就来到了这风沙漫漫的黄风岭。《西游记》原文有云，这黄风岭：高的是山，峻的是岭；陡的是崖，深的是壑；响的是泉，鲜的是花。那山高不高，顶上接青霄；这涧深不深，底中见地府。山前面，有骨都都白云，屹嶝嶝怪石，说不尽千丈万丈挟魂崖。在游戏精致画面的表现下，我们能看到山体两侧有着密密麻麻大量的摩崖佛雕，千百尊菩萨形态各异，每一尊单拿出来都是无价的艺术瑰宝。这里的取景地正是山西大同赫赫有名的云冈石窟。开凿于北魏时期的云冈石窟，不仅是《黑神话：悟空》的取景地，也是1986版电视剧《西游记》的取景地，此地和《西游记》有着不解之缘。

云冈石窟·大同

云冈石窟位于大同市西郊17千米处的武州山南麓。

今有旅客 ________ 于 ____ 年 ____ 月

游访至云冈石窟，请赐贵印，照牒施行。

主要看点

早期石窟，即现在的第十六窟至第二十窟，佛像高大，高鼻深目，佛像的面貌具有异国情调；中期石窟含有大量建筑方面的内容，既有中国传统建筑的样式，也有古希腊的建筑风格，其中第十二窟以音乐舞蹈作为主要内容，场面宏大，十分壮观，在全国的石窟造像中绝无仅有，被称为“音乐窟”；晚期石窟主要分布在第二十窟以西，这一时期的佛像和菩萨像，面形已由圆润变为消瘦，形象清瘦俊美。

云冈石窟始凿于北魏文成帝和平初年（公元460年），前后持续70年左右。石窟依山开凿，东西绵延1000多米。北魏地理学家郦道元在《水经注》中描写云冈石窟的盛况：“凿石开山，因岩结构，真容巨壮，世

云冈石窟第二十窟大佛正面

法所希，山堂水殿，烟寺相望，林渊锦镜，缀目新眺。”现存有主要洞窟 45 个，附属洞窟大小窟龛 1100 多个，石雕造像 59000 多个。云冈石窟是公元 5 世纪中国石刻艺术之冠，它是我国规模最大的古代石窟群之一，也是我国最早的皇家石窟，与敦煌莫高窟、洛阳龙门石窟和天水麦积山石窟并称为中国四大石窟艺术宝库。1961 年，云冈石窟被列为全国首批重点文物保护单位。2001 年 12 月，被联合国教科文组织列入世界遗产名录。

按照石窟形制、造像内容和样式的发展，云冈石窟的开凿可以分为早期、中期、晚期三个时期。

早期石窟：位于西部的第十六至第二十窟，亦称为“昙曜五窟”。据《魏书》记载，文成帝即位后，采纳高僧昙曜的建议，“于京城西武州塞，凿山石壁，开窟五所，镌建佛像各一，高者七十尺，次六十尺，雕饰奇伟，冠于一世。”早期石窟都雕刻巨大的佛像，也称“大佛窟”。

云冈石窟第二十窟大佛侧面

“昙曜五窟”平面为椭圆形或杏仁形，穹隆顶，佛像形制古拙，洞内壁面布满众多的小佛小龛，雕刻很浅。其主造像为三尊佛像（中间的主佛和两侧的胁侍），佛像高大，高鼻深目。因为有外来僧人、雕刻匠人的参与，佛像的面貌具有异国情调。其雕刻艺术继承了汉代的优秀传统，又融合了古印度犍陀罗艺术的精华，气势雄伟，造像风格浑厚、质朴。“昙曜五窟”的大佛各代表一位北魏皇帝，学术界公认第十八窟的大佛对应的是太武帝拓跋焘。佛像庄严，鼻梁笔直，双耳及肩，右臂下垂，左手举于胸前，身披袈裟。佛像身上的袈裟很有特色，袈裟上面刻满小

云冈石窟第十八窟东侧弟子造像

佛像，数以千计的小佛像随着袈裟的衣纹排列。在世界佛教造像中，像这样的千佛袈裟是仅有的。曾经大肆灭佛的北魏太武帝，在他去世后的塑像上布满成百上千的佛像，其中的意思耐人寻味。第十八窟是早期石窟中造像组合最完备的洞窟，主尊身披千佛袈裟，东、西两侧对称分布着一立佛、一菩萨、十弟子。立佛端庄慈祥，菩萨高贵典雅，十位弟子相貌各异，均为西方人特征。

第二十窟因前壁、顶部及西壁局部坍塌，主像显露在外，形成“露天大佛”，高 13.7 米，脸型圆润，两耳垂肩，深目高鼻，是云冈石窟的代表作品。第十七窟的“思惟菩萨”面带微笑，右手托腮，为云冈最美菩萨之一。

中期石窟：主要是第十六窟往东的第十一、十二、十三窟，第九、十窟，第七、八窟，第五、六窟，第一、二窟。这是云冈石窟雕凿的鼎盛阶段，历时 40 余年。这一时期是北魏迁都洛阳以前的孝文帝时期，

云冈石窟第十七窟明窗东侧的“交脚菩萨”和“思惟菩萨” 摄影 / 王俊彦

因为有强盛的国力做后盾，雕凿出的佛像更为精美。中期石窟的平面多为方形，窟前一般有长方形外室，壁上多佛迹及建筑雕饰。第九窟至第十三窟被称为“五华洞”，因后世施泥彩绘而得名，是云冈中期洞窟的典型代表。

云冈石窟第五窟附十二洞佛像
摄影 / 张海雁

云冈石窟第十窟明窗莲花藻井 **摄影/张海雁**

中期石窟含有大量建筑方面的内容：第二窟的中心塔柱上有屋檐、垂柱、柱头铺作一斗三升、补间铺作为人字拱。在第十二窟的前室西壁中部有三间仿木结构的屋形佛龛，柱头铺作一斗三升、补间铺作为人字拱。以第九、十窟的石刻建筑最为典型。这两窟都是前廊后室，前廊的墙面呈现了种类繁多的建筑形式。前廊与后室之间是中国传统的庑殿式门楼，门楼的屋顶雕刻屋脊、鸱吻、脊饰、屋檐，檐下雕刻一斗三升、人字拱。在前廊的东、西壁上部，都有三间仿木结构的屋形佛龛。西壁

云冈石窟第九窟前廊的门楼两侧，出现了两组四根带有蜗旋的爱奥尼亚柱头

上部雕刻屋脊、鸱吻、屋檐，方形塔柱上置普拍枋，普拍枋上有一斗三升、人字拱。在前廊的门楼两侧，出现了两组四根带有蜗旋的爱奥尼亚柱头，这是典型的古希腊建筑风格。前廊的窟顶雕刻方格的天花，一对一对的飞天在莲花间欢快地飞舞，雕刻技艺之精湛令人赞叹。前廊正面上方，在左中右三组 18 个圆拱佛龛内各站一人持乐演奏，前面有一排栏杆。第九窟主室南壁东侧，出现台阶栏杆。第十二窟前室西壁，有波斯风格的兽形柱头雕刻。

云冈石窟第六窟中心塔柱
摄影／张海雁

在云冈石窟中，有120多座石刻佛塔，雕饰最华丽、最高的是第六窟中的四个塔柱，中心塔柱的第二层有四个九层佛塔柱，形成塔中塔的效果。在第三十九窟中间矗立着一座五层方形的佛塔形柱子，是一座北魏木结构佛塔的模型，逐层向上缩进，雕刻细腻，柱子、阑额、斗拱、屋檐、屋瓦一应俱全。

在中期石窟造像的服饰方面，呈现出多元化。在中期石窟的供养人形象中，可以看到具有明显的鲜卑族服饰特色的鲜卑帽，如第八、十二窟中都有出现。在第五、六窟的西壁、东壁，我们可以看到佛像身着褒衣博带的汉式服饰。第七窟南壁有6尊半跪相对的供养天，端庄秀丽，风姿绰约，称作“云冈六美人”。在第十一、十二、十三窟外壁的佛龛中，佛像已经趋于清瘦俊美的汉化风格。中期洞窟的壁面布局上下分层，左右分段，造像题材内容多样化。中期石窟开凿阶段也是佛教石窟艺术“中国化”的时期，其艺术特点是造型精美、雕饰华丽。

需要特别提到的是第十二窟，该石窟以音乐舞蹈作为主要内容，场面宏大，十分壮观，在全国的石窟造像中绝无仅有，人们把第十二窟称为“音乐窟”。石窟内布满了大量的舞蹈飞天和手持乐器的伎乐天，手拿乐器演奏的伎乐天有40多位，他们所持的乐器式样繁多，共15种47件，大部分是具有游牧民族特色的乐器，如羯鼓、细腰鼓、曲项琵琶、弹筝、竖箜篌、筑、羌笛、五弦、箫等。该石窟所表现的音乐舞蹈场景，应该是当时北魏首都平城艺术活动的再现。站在石窟前，仿佛可听到1500多年前那具有浓郁草原风格的民族音乐旋律（在云冈石窟中，共有各类乐器32种700余件）。

晚期石窟：北魏迁都洛阳之后，云冈石窟未再出现大规模的开凿活动，但凿窟造像之风在社会的中下阶层流行起来，他们开凿了大量的中小型洞窟，一直延续到北魏孝明帝正光五年（公元524年）。这一时期

云冈石窟第七窟“云冈六美人”
摄影 / 张海雁

云冈石窟第十二窟
伎乐天造像局部

的中小型洞窟，主要分布在第二十窟以西，还包括第四窟、十四窟、十五窟和十一窟以西崖面上的小龛，以及第十六、十七、十八窟明窗两侧的龛像。这一时期的佛像和菩萨像，面形已由圆润变为消瘦，颈长、肩窄，形象清瘦俊美，这种造像是北魏晚期出现的一种典雅清新的艺术形象，是佛教造像“汉化”的体现。第四窟后室的一佛二菩萨造像，在艺术表现形式上与其他洞窟的造像风格迥异，五官的轮廓已经完全没有了北魏时期的棱角，代之以丰满圆润的风格，应该是北齐或者隋唐时期的作品。

在中国石窟艺术发展史上，云冈石窟是印度佛教艺术传入中国的实

云冈石窟第四窟后室一佛二菩萨

证，在装饰花纹上输入了大量的新题材、新刻法，促进了中国雕刻艺术的创新。在漫长的云冈石窟开凿过程中，佛教造像在中国逐渐开始民族化。在特定的历史阶段、特有的地理区位、特有的民族宗教背景下，多种佛教艺术造像风格在云冈石窟实现了前所未有的融合，由此而形成的“云冈风格”成为中国佛教艺术发展的转折点。

云冈石窟是人类文化的重要遗产，它是一个时代的缩影，是鲜卑族从草原到中原腹地过渡时期的文化体现，是壮丽灿烂的盛唐文明的前奏，是南北民族融合、中外文化交流的硕果。

《黑神话：悟空》游戏不光是对山西古建进行了取景还原，就连室内的传统装饰，佛龛壸门也是一比一实景复刻，其中很多室内场景就取材于山西大同的华严寺。作为辽代古刹，华严寺内的宝殿装潢还保留着 900 多年前的原汁原味。

华严寺·大同

华严寺位于大同古城内西南隅。

今有旅客________于____年____月
游访至华严寺，请赐贵印，照牒施行。

主要看点

上寺大雄宝殿正脊上的琉璃鸱吻是中国古建筑中最大的琉璃吻兽；大雄宝殿的三个门是国内现存古建筑中最早的壸门实例；下寺薄伽（bó qié）教藏殿的彩塑是辽代彩塑精品，殿内的“合掌露齿”胁侍菩萨像被称为“东方维纳斯”；薄伽教藏殿内的两层楼阁式藏经柜是国内罕见的辽代小木作；殿内屋顶上的平棊和藻井上的彩绘是辽代作品，艺术价值极高。

华严寺始建于辽重熙七年（公元1038年），依据佛教经典《华严经》而命名。清宁八年（公元1062年），契丹皇室在华严寺“奉安诸帝石像、铜像”，可见辽代的华严寺属于皇家建筑。寺内殿宇依南北两条东西向

华严寺全景 摄影 / 刘玉军

的轴线布局，南轴以薄伽教藏殿为中心，北轴以大雄宝殿为中心。明代成化、万历年间，华严寺分为上、下两寺。

上寺大雄宝殿建于 4 米多高的台基上，面阔九间，进深十椽，单檐庑殿顶，总面积 1559 平方米，是国内现存面积最大的辽金佛殿。不像中国传统的正殿都是坐北朝南，上寺大雄宝殿是坐西朝东，这是明显的契丹民族风格，他们崇拜太阳，以东为尊。大殿举折平缓，出檐深远，檐高 9.5 米，出檐达 3.6 米，气势雄伟。正脊两端的琉璃鸱吻高达 4.5 米，是中国古建筑中最大的琉璃吻兽。檐下的柱间有阑额，阑额之上有普拍枋，阑额、普拍枋皆出头。檐下铺作为五铺作双杪，铺作硕大。

殿内采用了减柱造、移柱造，最左侧、最右侧两缝梁架是标准的五间六柱，在纵向用了 4 根内柱，而中间部分的 6 缝梁架各用两根柱子，各减去了两根柱子，共减少了 12 根金柱，剩余的 12 根金柱都移动了位置，极大地扩大了殿内的祭祀空间。减柱造、移柱造在辽代开始广泛使用，华严寺大雄宝殿即代表。殿内屋顶漂亮的平綦和藻井是明代的作品。殿内佛坛上供奉五尊主佛、六尊胁侍菩萨，中间的三尊主佛为木质金身，两侧的主佛为彩塑，皆为明代作品。左右两列为二十诸天彩塑，每列十尊，体型高大，每尊彩塑都向前大幅倾斜，通过这种前倾的姿态表达对主佛的虔诚。像华严寺这种向前大幅倾斜的高大彩塑，在古代寺庙中也比较少见。

华严寺上寺大雄宝殿侧面

华严寺上寺大雄宝殿内景

华严寺上寺大雄宝殿二十诸天彩塑，每尊彩塑都向前大幅倾斜

华严寺下寺薄伽教藏殿转角铺作在角栌斗上增出两层抹角拱

下寺的主殿为薄伽教藏殿，是华严寺的藏经殿，也是坐西朝东，面阔五间，进深八椽，单檐歇山顶。殿内右侧椽底有“维重熙七年岁次戊寅九月甲午朔十五日戊申午时建”的题记，说明这座建筑是辽代的原物。檐下的柱头铺作为五铺作双杪，耍头为短促的批竹昂式耍头。补间铺作的形制特殊，也是五铺作双杪，但第一跳跳头只有瓜子拱而没有慢拱，第二跳跳头的栌斗直接承替木托橑风槫，没有令拱、耍头。这种补间铺作的形制与芮城广仁王庙的铺作形制相似，但又不完全一样，说明了该殿的斗拱风格继承了唐代风格。转角铺作也有创新之处，在角栌斗上增出两层抹角拱，用来增强转角铺作的稳固性，这种形制在唐宋建筑中少见。

殿内佛坛上有辽代彩塑 31 尊，具有端庄圆润的唐代风韵，郑振铎先生高度赞美殿内的塑像：“简直是一个博物馆，这里的佛像，特别是倚立着的几尊菩萨像，是那样的美丽。那脸部、那眼睛、那耳朵、那双唇、那手指、那赤裸的双脚、那婀娜的细腰，几乎无一处不是最美的制造品，最漂亮的范型。”在满堂的彩塑中，有一尊面带微笑的“合掌露齿”胁侍菩萨像最为生动——塑像高约两米，赤足站立于莲花台上，体态婀娜，臂悬飘带，双目半睁，朱唇小开，露齿微笑，两手合十，被称为“东方维纳斯”。

在薄伽教藏殿内四周，依墙壁有两层楼阁式藏经柜，共 38 间。在后窗户之上，建了一座拱桥，将窗户两侧的藏经柜连接起来，拱桥上建有一座五间的天宫楼阁。藏经柜分上下两层，下层存放经书，上层是佛龛。佛龛外有勾栏，勾栏的栏板皆以镂空图案雕刻而成，共 37 种图案。佛龛上有屋顶、脊饰、鸱吻、斗拱等构件，是国内罕见的古建筑模型。藏经柜共用了 17 种铺作，形制多样，其中柱头为双杪双下昂七铺作。藏经柜使用的铺作是辽代建筑中最复杂的铺作样式，是罕见的辽代小木作精品。殿内屋顶上的平棊和藻井上的彩绘是辽代作品，艺术价值极高。

华严寺下寺薄伽教藏殿内的“合掌露齿”胁侍菩萨像

华严寺下寺
薄伽教藏殿
藏经柜局部

华严寺下寺
薄伽教藏殿屋顶
藻井上的辽代彩绘

华严寺为我国现存规模较大、保存较完整的辽、金寺院建筑群。寺内集中了辽金建筑、小木作天宫楼阁、彩塑、壁画等各类文物，均为同类作品中的上乘之作，在中国建筑史、宗教史和艺术史研究中均占有重要地位。

在《黑神话：悟空》的游戏场景中，出现了很多精美绝伦的壁画，我们操控着天命人穿梭其中，其中的唐风国韵扑面而来。当然，这些壁画绝非游戏公司杜撰出来的，而是参考了我国现存的大量壁画作品，其中就包含我们今天要讲的山西大同善化寺。

善化寺·大同

善化寺位于大同城内西南部。

通关文牒

今有旅客＿＿＿＿于＿＿年＿＿月
游访至善化寺，请赐贵印，照牒施行。

主要看点

山门面阔五间，是现存金代佛寺中最大的山门；寺内三圣殿东西次间的补间铺作都加了斜拱，漂亮的斜拱出现，使铺作如同盛开的花朵；普贤阁的铺作形制特殊，上檐次间的柱头铺作与补间铺作、转角铺作通过瓜子拱连为一体，比较少见；下檐的柱头铺作没有令拱、耍头；大雄宝殿内的彩塑皆为金代作品，雕塑技艺精湛，殿内的二十四诸天王是殿内彩塑最精彩的部分。

善化寺，又称善化古寺，寺内的山门、三圣殿、普贤阁、大雄宝殿为辽金时期的建筑。梁思成先生考察善化寺时赞叹曰："其大殿、普贤阁、三圣殿、山门四处，均为辽金二代遗构。不意一寺之内，获若许珍

善化寺山门广目天王
摄影 / 王俊彦

贵古物，非始料所及。”从山门、三圣殿、大雄宝殿三座庑殿顶这样高等级的建筑来看，善化寺也属于辽金时期的皇家建筑。

山门面阔五间，进深四椽，单檐庑殿顶，是现存金代佛寺中最大的山门，也是古寺庙中比较少见的庑殿顶山门。前后檐和山面的补间铺作都用了两朵，显得斗拱十分密集。柱头铺作和补间铺作皆为五铺作单杪单昂，柱头铺作的第二跳是水平放置的假昂，补间铺作的第二跳则是插昂。山门的梁栿都作月梁式，这在辽金建筑中较为少见。山门内的四尊天王塑像高大威武，栩栩如生，其中广目天王的表情最有特色，被称为“网红天王”。

三圣殿重建于金天会六年（公元 1128 年）至皇统三年（公元 1143 年）之间，是金代初年的代表性建筑。面阔五间，进深八椽，单檐庑殿顶，屋顶的垂脊弧度很大，形成美丽的弧线。檐柱生起明显，屋檐也形成漂亮的弧线。檐下铺作硕大，铺作为六铺作单杪双下昂，东西次间的补间铺作每跳都加了 45° 斜拱，最上层出现七个并排的耍头，漂亮的斜拱

善化寺三圣殿正面

出现，使屋檐下的铺作如同盛开的花朵，具有明显的装饰作用，三圣殿的斜拱是金代建筑中最漂亮的斗拱，与屋顶争抢着人们的视线。梁思成先生评价三圣殿斗拱："含有无限力量，颇足以表示当时方兴未艾之朝气。"

普贤阁面阔三间，进深六椽，是一座二层歇山顶的楼阁式建筑，建于金贞元二年（公元1154年）。普贤阁采用平座暗层做法（即在两

善化寺普贤阁侧面

个明层之间建一暗层），细部结构保留了一些唐代特征，整体结构精巧，形制古朴。

大雄宝殿是善化寺的主殿，是在战火中幸存的辽代建筑。面阔七间，进深十椽，单檐庑殿顶。檐下铺作为五铺作双杪，当心间的补间铺作出60° 斜拱，次间的补间铺作出45° 斜拱，补间铺作的栌斗下垫一驼峰。梢间的补间铺作第一跳跳头仅设置翼形拱。

大殿运用了减柱法，殿内本为两圈内柱，但外圈内柱减掉了前面四根，内圈内柱减掉了后面四根，共减去8根内柱，殿内的空间十分宽敞。

善化寺大雄宝殿

殿内正中有漂亮的平棊、藻井，为辽代作品。长方形的藻井口有一圈斗拱，之上一周的斜板上彩绘佛像。八边形的藻井内口南北两端有菱形、方形的小平棊，四角各绘一只凤凰。藻井的核心部分悬挑两层斗拱，下层是七铺作，上层为八铺作，制作精湛。藻井中央绘双龙戏珠图，为明代作品。

殿内正中供有五尊佛像及两弟子、两胁侍，东西两侧有二十四诸天王塑像，皆为金代作品，雕塑技艺精湛。五尊佛像的面部圆润，嘴巴较小，下巴凸出，表情刻画细腻。两弟子迦叶、阿南，一老一少，迦叶笑容满面，阿南若有所思，均栩栩如生。主尊毗卢佛的金色背光与殿顶的

善化寺大雄宝殿的减柱效果

斗八藻井衔接，在视觉上融为一体，使富丽堂皇的藻井成为主尊的背景，强调了毗卢佛的至尊地位。

二十四诸天王是佛教中的护法神，殿内的二十四诸天像，是山西省现存古寺庙中最早的此类题材的彩塑。殿内的二十四诸天王彩塑呈现的是他们正恭敬聆听佛法的情景，这 24 尊金代彩塑是殿内彩塑最精彩的部分，他们大部分表情平和，有的为女性形象，神情上都极具个性。《大金西京大普恩寺重修大殿记》对殿内的造像称赞曰："睟容庄穆，梵相奇古。慈悯利生之意，若发于眉宇；秘密拔苦之言，若出于舌端。"梁思成先生曾对殿内彩塑予以高度评价："殿内诸像，雕塑甚精美，姿态神情，各尽其妙。"

西壁的六手观音，姿态各异的六臂造型，使人们的视觉注意力落在手臂与头部区域，而在整体造型上有意简化了躯干的细节部分，对胸部

善化寺大雄宝殿
二十四诸天彩塑“大吉祥功德天”

善化寺大雄宝殿
二十四诸天彩塑“六手观音”

和腰腹部的衣纹处理十分简洁，直至压缩至紧贴身体，从而使塑像呈现出优美的曲线。对裙装下摆处的衣纹进行了浅浮雕的空间压缩手法，以突出体现腿部的纤细及身体的优美曲线。

善化寺的建筑主次分明，高低错落，院落开阔，殿宇高大，建筑等级很高，至今仍然保留着唐代的寺院建筑格局，是我国现存辽金时期布局最完整、规模最大的寺院建筑。在我国古代建筑史和雕塑艺术史上具有重要的地位。

俗话说，“地上文物看山西”。《黑神话：悟空》游戏中的大量建筑和壁画都取材于永安寺，寺中十大明王的壁画更是栩栩如生，每个人物都宝相庄严，神态各异，无论在游戏中还是现实中给我们带来的都是视觉的盛宴。

永安寺·大同

永安寺位于大同浑源城内东北。

通关文牒

今有旅客 ________ 于 ____ 年 ____ 月

游访至永安寺，请赐贵印，照牒施行。

主要看点

山门采用五开门式，较为罕见；山门的脊刹被认为是典型的景教标志，有明显的异域风格；传法正宗殿的殿顶使用了黄色琉璃瓦，这在非皇家寺庙中可能是孤例；传法正宗殿内明间梁架间的天宫楼阁和藻井，是元代建筑中罕见的小木作精品；传法正宗殿内十大明王的形象与服饰奇特，具有藏传佛教的风格。

永安寺，也称永安禅寺，始建于金代，元代重建。现存的传法正宗殿为元代建筑，山门、天王殿、东西朵殿、配殿等均为明清遗构。

山门采用五开门式，较为罕见。山门在正中，门面高大，琉璃盖顶，中间开三门，两旁又有二小门，共开五门。五门均有简单的门簪、门挡、

永安寺山门脊刹 摄影 / 王俊彦

门钉和铺首等。山门两旁砌有琉璃八字墙。山门的脊刹被认为是典型的景教标志，有明显的异域风格，可能与元朝皇室曾经信奉景教有关。

寺内的主殿传法正宗殿面阔五间，进深六椽，单檐庑殿顶。殿顶的前坡以黄色琉璃瓦覆盖，东、西两侧与后坡以蓝色琉璃瓦覆盖，四边则以蓝、绿琉璃瓦镶饰，正脊有五彩琉璃脊饰两两相对，殿顶另有龙、凤、狮子、麒麟、天马等琉璃饰兽。殿顶的琉璃构件造型生动、色泽艳丽。殿顶使用了皇家才可以使用的黄色琉璃瓦，这在非皇家寺庙中可能是孤例。

寺内的主殿传法正宗殿面阔五间，进深六椽，单檐庑殿顶。殿顶的前坡以黄色琉璃瓦覆盖，东、西两侧与后坡以蓝色琉璃瓦覆盖，四边则以蓝、绿琉璃瓦镶饰，正脊有五彩琉璃脊饰两两相对，殿顶另有龙、凤、狮子、麒麟、天马等琉璃饰兽。殿顶的琉璃构件造型生动、色泽艳丽。

永安寺传法正宗殿顶的前坡以黄色琉璃瓦覆盖

殿顶使用了皇家才可以使用的黄色琉璃瓦，这在非皇家寺庙中可能是孤例。

传法正宗殿采用了减柱造，减去前排的四根柱子。殿内梁架为四椽栿后压乳栿，四椽栿之上为三椽栿压劄牵，四椽栿、三椽栿、平梁都用材粗壮，梁架上有精美的彩绘。殿内明间梁架间的藻井、天宫楼阁制作精巧，五彩斑斓，是元代建筑中罕见的小木作精品。梁架上的彩绘、天宫楼阁上的彩色斗拱、彩绘佛像以及屋顶的彩绘天棊，构成了一幅绚丽多彩的立体画。该殿虽然是元代建筑，但整体上没有一般元代建筑那种粗犷的风格，而是从屋顶到梁架都做工讲究。

殿内四周墙壁上绘有面积 187 平方米的水陆画，为明代作品，画面上的人物 135 组 895 尊，以火焰、祥云为背景，以红、黄两色交替，形成大幅长卷，规模宏大。东壁的壁画长约 18 米，画面为天、地、人三

永安寺传法正宗殿壁画“地府五道将军”

界。上层为天界日、月、水、木、金、火、土诸神，中层为天干、地支、二十八星宿诸神，下层为人间帝妃、文臣武将、黎民百姓等。西壁的壁画也长约 18 米，也分上、中、下三层。上层为五岳大帝、四海龙王诸神，中层为十殿阎君、阴曹地府诸神，下层是十八层地狱及厉鬼群像。

殿内北壁，在殿门左右两边两绘制十大明王，每边五尊，分别骑龙、狮、象、牛、虎等，手执兵器法宝。有一蓝颜赤发的明王，处在左手第一位，面目狰狞，其双手做揭开自己面皮状，显示狰狞的面皮下面是一副大慈大悲的面容，这幅“撕脸明王像”是十大明王像的代表作品。大殿的壁画色彩绚丽，形象传神，艺术性较高。十大明王的形象与服饰奇特，具有藏传佛教的风格。

永安寺的宗教文化是多元的，融入了景教、藏传佛教的元素，这在国内现存的古代寺庙中罕见，对研究元代晋北地区的宗教传播具有重要价值。

永安寺
传法正宗殿壁画
“撕脸明王像”

在《黑神话：悟空》白雪皑皑的那个场景中，我们总能看见远处陡峭的山崖上矗立着一座悬挂在半空的寺庙，就像藤蔓一样从崖缝中长了出来。这样的寺庙真的能住人吗？当然，因为这一绝景正是取自山西大同的悬空寺。

悬空寺·大同

悬空寺位于大同浑源县恒山金龙峡西侧翠屏峰的悬崖峭壁之间。

今有旅客 ________ 于 ____ 年 ____ 月

游访至悬空寺，请赐贵印，照牒施行。

主要看点

悬空寺选址于半空，充分运用力学原理，依岩建寺，在奇险之处建造重楼叠阁，形成典型的“空中楼阁”。远远望去，只有几根细细的木柱支撑着高楼，岌岌可危，是世界建筑史上的奇葩。实际上楼阁之下细细的木柱在结构上并不承重，只是一个装饰，为建筑之险造势而已。

悬空寺原称“玄空阁”，因为整座寺院就像悬挂在悬崖之上，后改名为“悬空寺”。寺院始建于北魏太和十五年（公元 491 年），现存建筑为明清时期重修。悬空寺在有限的空间上，建造了楼阁殿宇 40 余间，分南北两大部分布局，远远望去，南北两座雄伟的三层歇山顶式高楼好像悬挂在绝壁之上，只有几根细细的木柱支撑，岌岌可危。两座高楼最高处距地面 80 多米，两楼之间有栈道相连，栈道上也有楼阁建筑。悬空寺的建筑充分运用力学原理，半插横梁于山岩中（以铁杉木做横梁，用桐油作防腐处理后插入岩石中，起承重和平衡作用），借助岩石的托力为基础，形成梁柱上下一体、廊栏左右相连的稳定结构，高楼藏于岩壁，寺庙悬于半空，可谓巧夺天工。明代旅行家徐霞客曾经到此考察，其《游恒山日记》云："西崖之半，层楼高悬，曲榭斜倚，望之如蜃吐重台者，悬空寺也。……崖既矗削，为天下巨观，而寺之点缀，兼能尽胜。依岩结构，而不为岩石累者，仅此。"

悬空寺把建筑力学、建筑美学和宗教融合为一体，以险取胜，以奇闻名，在世界建筑史上引人注目，被列为全世界"最危险"的十大建筑之一，具有重要的学术研究价值。

悬空寺全景 摄影 / 李琼

悬空寺近景 摄影 / 梁铭

在《黑神话：悟空》游戏中，尤其是第三回的小西天场景里充满了佛教元素，场景内三步一石碑，五步一宝塔，都是取材于真实的景观，让那些对宗教古建感兴趣的玩家可谓大饱眼福，其中就有灵丘觉山寺以及它那标志性的辽代古塔。

觉山寺·大同

觉山寺位于大同灵丘县城东南15千米。

通关文牒

今有旅客＿＿＿＿于＿＿年＿＿月
游访至觉山寺，请赐贵印，照牒施行。

主要看点

觉山寺塔是寺院的标志性建筑，最精美的雕刻集中在塔的基座部分，雕刻的主要题材是狮子、力士、天女、伎乐天、花卉、几何纹等，造型优美，线条流畅；塔檐齐整，层距相同，使得该塔的轮廓线在视觉上有一种规整的美感。

觉山寺始建于北魏，是魏孝文帝为报母恩而建的寺院。寺院西部的古塔建于辽大安六年（公元 1090 年），其他建筑是光绪十一年（公元 1885 年）重建。

辽、宋、金时期是中国砖石塔发展的高峰期，其形式可分为楼阁式和密檐式两种，密檐塔盛行于北方，觉山寺塔是目前国内保存最为完好、最具代表性的辽代密檐式砖塔，八角十三级，总高 43.54 米。

觉山寺全景

觉山寺塔基座

觉山寺塔基座砖雕

觉山寺塔仰视

和辽金时期的其他密檐式砖塔一样，该塔最精美的雕刻都集中在塔的基座部分，雕刻的主要题材是狮子、力士、天女、伎乐天、花卉、几何纹等。该塔的基座分三部分，下部为八角形须弥座，中部为平座围栏，上部为莲台。下部施双层基座，下束腰部每面有壶门 3 个，壶门之间兽面 4 个，壶门内雕有凌猊，似乎就要从门里爬出。上束腰部也是每面 3 个壶门，门内塑坐佛或菩萨，两侧立侍女或飞天。壶门之上雕二龙戏珠，壶门之间立一圆柱，上雕力士，力士头上坐斗拱，转角力士两侧各立一盘龙柱。束腰部一周的雕刻都十分精致，人物造型优美，线条飘逸流畅。束腰以上设普拍枋，上承平座斗拱围栏，栏板上有两层细腻的雕刻。平座之上为三层莲台。

塔身的第一层由塔壁和内室组成，平面八角，每角有圆柱，南北开券门，东西二门为假门，其他四面为假窗。塔室四壁有 60 平方米的辽代壁画，画作艺术水平颇高。第二层以上的塔身为实心，从第一层塔檐往上，由斗拱挑出十三层密檐（这种塔的第一层很高，以上每层的层高很小，各层的塔檐好像紧密地重叠着，故称为密檐）。十三层塔檐逐层收分，密檐的出檐长度也逐层递减，使塔的外形呈抛物线，这种造型处理，使得数十米的高塔并不显得瘦尖。塔檐齐整，层距相同，使得该塔的轮廓线在视觉上有一种规整的美感。

塔身的第一层由塔壁和内室组成，平面八角，每角有圆柱，南北开券门，东西二门为假门，其他四面为假窗。塔室四壁有 60 平方米的辽代壁画，画作艺术水平颇高。第二层以上的塔身为实心，从第一层塔檐往上，由斗拱挑出十三层密檐（这种塔的第一层很高，以上每层的层高很小，各层的塔檐好像紧密地重叠着，故称为密檐）。十三层塔檐逐层收分，密檐的出檐长度也逐层递减，使塔的外形呈抛物线，这种造型处理，使得数十米的高塔并不显得瘦尖。塔檐齐整，层距相同，使得该塔的轮廓线在视觉上有一种规整的美感。

说到山西古建，怎样都绕不开鼎鼎大名的应县木塔。甚至当初在《黑神话：悟空》游戏发布之前，只不过预告片里的惊鸿一瞥，很多人一眼就能认出游戏中的参天巨塔形象，现实中就是大家所熟悉的应县木塔。那高耸的塔身，精美的斗拱，无愧于“天下第一塔”的美誉。

应县木塔·朔州

应县木塔位于朔州市应县城内。

今有旅客________于____年___月
游访至应县木塔，请赐贵印，照牒施行。

主要看点

八角形的雄壮塔体，使木塔拥有一种高大壮阔的气势；底层的重檐围廊，增加了木塔的稳定感；四个平座的设计，增加了木塔外立面的节奏感；第一层11米的释迦牟尼彩塑大佛戴着耳环，具有典型的辽代风格；大佛身披三爪龙袍，又是典型的汉文化元素；全塔共使用54种不同形式的斗拱，种类之多，世所罕见，被称为“斗拱博物馆”。

木塔建于辽清宁二年（公元1056年），是在辽代皇室支持下建造的。通高67.31米，底层直径30.27米。塔高九层，每层八面，每面开三间，五个明层，四个暗层（二层以上每层出平座），外观为五层六檐（底层为双檐），塔刹直插云霄。八角形的雄壮塔体，使木塔拥有一种高大壮阔的气势，如果不看塔刹（即暂不归为塔类），它就是一座雄伟的木楼。二层以上四个平座的设计使木塔在宏大之中又不失秀丽，增加了木塔外立面的节奏感。1933年，梁思成先生考察应县木塔，看到高大雄伟的木塔，梁思成震惊得半天喘不出一口气来，他赞叹曰："这塔真是个独一无二的伟大作品。不见此塔，不知木构的可能性到了什么程度。我佩服极了，佩服建造这塔的时代，和那时代里不知名的大建筑师、不知名的匠人。"赵朴初先生有诗赞曰："塔开多宝现神通，木德参天未有终。"

应县木塔的设计，继承了汉唐以来富有民族特点的重楼形式，结构上采用双层环形套筒空间框架，每层平座的柱子都比下一层的檐柱内缩，形成一层比一层小的优美轮廓。木塔的每大层由四部分构成：楼层柱框、腰檐铺作、平座柱框、平座铺作。除顶层以外，木塔下面四层中的每层都由同样的四个结构层堆叠而成。

全塔在结构上没用一个铁钉，全靠构件互相咬合。木塔共使用了54种不同形式的斗拱。斗拱的形制根据所处位置的不同而变化，第一、第

应县木塔鸟瞰 供图／朔州市政协

应县木塔近景

应县木塔第一层框架结构
摄影 / 王俊彦

二层的檐下斗拱用了下昂，而高层的斗拱不再出现下昂，这是因为低层需要斗拱出跳稍远来承托相对深远的屋檐，所以用到了下昂。第三、第四层的檐下斗拱分别出三杪、双杪，第五层则为半拱承单杪。每层同一部位的铺作形制尽量变化，一层围廊明间的补间铺作出 45° 斜拱，第二层补间铺作出 60° 斜拱，第三层补间铺作又出 45° 斜拱。每层不同部位的铺作形制也不一样，如一层围廊的柱头铺作为五铺作双杪，两次间的补间铺作为五铺作双杪，但没有令拱、耍头，明间的补间铺作出斜拱。第二层转角铺作的令拱为翼型拱。平座铺作，第二、第三、第四层均出三杪，第五层出双杪。木塔上的铺作继承了唐代的风格，拱瓣明显。

应县木塔第二层柱头铺作、补间铺作 摄影 / 王俊彦

应县木塔第二层转角铺作 摄影 / 王俊彦

塔上现存数十块珍贵的匾额，其中明武宗朱厚照题写的“天下奇觀”，笔画苍劲、神韵连贯，为难得的珍品。金代西京路盐使判官王献题写的“釋迦塔”为木塔上最大的牌匾，其上附有 230 多个小字，记载了从金至明 277 年间木塔及牌匾增设重修的时间，对研究木塔的修建历史和建造技术有重要的参考价值。

应县木塔牌匾局部

木塔总计2600吨的木料都压在第一层的32根木柱子上，外圈24根，内圈8根。令人惊叹的是，外圈的24根柱子的断面直接压在柱础上，而不是凹进柱础里。

应县木塔第一层释迦牟尼佛彩塑
摄影 / 王俊彦

木塔第一层设巨大的斗八藻井，用八根角梁支撑，对角线跨度达 9.5 米，这是山西古建筑中最大的藻井。木塔第一层的彩塑佛像具有明显的辽代特征——耳朵上戴有耳环。佛像唇边蓄着石绿色的卷曲胡须，与宋代彩塑佛像类似。大佛身披三爪龙袍，又是典型的汉文化元素，体现了多元文化融合的特点。大佛周围内槽墙壁前后开门，其余 6 面墙上绘有

应县木塔 · 塔顶部和塔刹
供图 / 朔州市政协

6 幅巨大的佛像，每尊佛像左、右上角各有约 2 平方米大小的飞天画 1 幅。壁画上的佛像端庄，飞天飘逸。

塔刹部分总高 11.77 米，由各种铁制法器从下至上依次在仰莲上组装：覆钵、相轮、露盘、仰月、宝珠，再加上八根铁链，使塔刹部分具有避雷针的作用。

在《黑神话：悟空》游戏第三回的小雷音寺正门，相信玩家们都会对天命人和魔将劫波的这场大战印象深刻，而小雷音寺的正面正是取景于山西朔州崇福寺。

崇福寺·朔州

崇福寺位于朔州市朔城区。

今有旅客＿＿＿＿＿于＿＿＿年＿＿＿月
游访至崇福寺，请赐贵印，照牒施行。

主要看点

弥陀殿后檐的柱头铺作使用了斜拱，这是柱头铺作使用斜拱的最早实例；弥陀殿的格扇门窗透雕15种棂花，是我国现存古建筑中图案最多、最华丽的雕花门窗；弥陀殿内主佛塑像身后的背光屏是国内现存辽金时期最大、最精致的背光屏；观音殿的梁架采用双重人字形叉手，是我国建筑史上减柱造的典范。

崇福寺始建于唐代，辽、金、明、清各代屡有扩建修葺。后晋天福元年（公元936年），石敬瑭割让幽云十六州给契丹，崇福寺成为辽政权的地方衙门所在地，名为“林衙太师府”。辽统和年间复为寺院，称为“林衙寺”。金皇统三年（公元1143年），金熙宗敕命开国侯翟昭

崇福寺鸟瞰 供图/朔州市政协

度主持增建弥陀殿、观音殿，崇福寺在当时是一座具有皇家背景的寺院。

寺院坐北朝南，中轴对称，由南向北，中轴线上依次有山门、金刚殿、千佛阁、大雄宝殿、弥陀殿、观音殿，东西两侧则有钟楼、鼓楼、文殊殿、地藏殿对称布列。现存辽、金、明、清时期的十大殿宇，组成五进院落。

主殿弥陀殿是寺内最大的殿堂，也是中国现存辽金时期三大佛殿之一。弥陀殿面阔七间，进深八椽，单檐歇山顶，高达 19 米，巍峨壮观。前檐柱头铺作为七铺作双杪双下昂，耍头为下昂状，前檐补间铺作出斜拱。后檐柱头铺作使用了斜拱，这是柱头铺作使用斜拱的最早实例。后檐补间铺作为七铺作四杪，是古建筑中出挑较多的补间铺作。第一跳、第三跳施翼型拱，这种隔跳翼型拱较为罕见。

弥陀殿的门窗是格扇门窗，透雕棂花，雕工精湛，图案多样，有雪花纹、菱花纹、莲花纹等 15 种，是我国现存古建筑中图案最多、最华

崇福寺弥陀殿正面

崇福寺弥陀殿的透雕棂花

丽的雕花门窗。其中的六交十二椀棂花比故宫大殿门窗的三交六椀图案还要复杂，还要精美，是国内绝品。

崇福寺弥陀殿彩塑

殿内有弥陀佛等9尊金代塑像，主佛身后的背光屏高达14米，背光屏上有飞天和伎乐天，是国内现存辽金时期最大、最精致的背光屏。背光屏为藤条编织，上面满布悬塑的卷云纹饰，色彩以青绿为主，用白粉勾勒花边，背光周沿塑着火焰纹样，形成红光四射的效果。中间背光上浮塑伎乐天，分别手持各种乐器。

大殿内遗存有320多平方米的金代壁画，画工精细，色彩绚丽，是金代壁画中的佳作。壁画中的佛像绘有胡须，延续了宋代彩塑佛像的风格。西尽间南壁的壁画为千手千眼十八面观世音菩萨演法图，是一幅金代经变水陆画，最为精彩。

寺内的最后一座佛殿是观音殿。面宽五间，进深六椽，单檐歇山顶。为了扩大礼佛空间，将前槽的4根金柱全部减去。为了减轻四椽栿的压力，在四椽栿中部对应前金柱的位置立一蜀柱，蜀柱与升高的后槽金柱共同承托平梁。蜀柱两侧斜置通长两椽的大叉手（托脚），叉手上部支

崇福寺弥陀殿壁画“千手千眼十八面观世音菩萨演法图”　摄影／刘国华

崇福寺弥陀殿壁画“飞天”

于蜀柱顶部，下部支于四椽栿梁头，使四椽栿中部、两端均匀承受压力，四椽栿两端又将作用力分别传给檐柱、金柱。四椽栿上的叉手和平梁上的叉手形成了双重人字形叉手。四椽栿上的驼峰延长作为蜀柱两侧的合楂。观音殿在梁架结构上的创新，堪称我国建筑史上减柱营造法的典范。

崇福寺观音殿梁架

崇福寺弥陀殿和观音殿几乎涵盖了金代建筑所有的建筑技艺手法，弥陀殿更是集聚了琉璃（脊饰）、匾额、彩塑（背光）、棂窗、壁画的“金代五绝”，被称为“金代艺术宝库”，具有极高的建筑、宗教、艺术价值。

相信大家在《黑神话：悟空》第三回的浮屠界都没少受苦吧？你们有没有发现在这里，陡峭的山崖上往往排放着一排排诡异的石棺，想跳上去看看有没有好宝贝，却只能对其脚下的万丈悬崖望而生叹。这一场景的灵感就来源于山西忻州宁武石门悬棺。

石门悬棺·忻州

石门悬棺位于忻州宁武城西70千米的小石门村西。

通关文牒

今有旅客 ________ 于 ____ 年 ___ 月

游访至石门悬棺，请赐贵印，照牒施行。

主要看点

石门悬棺包含栈道、悬吊、悬桩、洞穴等多种景观，在峡谷内形成罕见的棺木悬于崖壁间的奇观。

悬棺是古代的一种葬俗，把棺木置于悬崖间，主要流行于我国南方一些少数民族地区。在宁武县西石门峡谷的崖壁上，竟然悬挂着 50 多具棺木，这是我国北方地区迄今为止发现的唯一崖葬群，极具考古研究价值。

从宁武县悬空栈道景点沿旅游公路向东行驶 2 千米，右拐进入一条长约 7 千米的峡谷，仿佛进入一扇敞开的巨石大门，所以历史上称之为石门山。峡谷内，绵延起伏的断层石崖耸立，高的达 300 多米，低的也近百米。崖顶松涛滚滚，谷底溪水潺潺，构成一幅美丽的水墨画卷。1999 年盛夏，郑孝燮先生来此考察，看到如此美景惊叹不已，脱口赞曰：

石门悬棺远景
摄影／吴光宇

石门悬棺近景
摄影／吴光宇

石门栈道 摄影／王本瑜

“好一个天然雕塑长廊！”从小石门村后一直到峡谷尽头的石壁上，共计有悬棺 12 处、崖葬 7 处。悬棺是在峭壁上打入木桩，木桩上承载木棺，再用铁链将棺木和栈木捆绑，部分棺木探入峭壁石缝。崖葬是利用崖壁上的风化石缝，稍修整为洞，内置棺木。

宁武石门悬棺主要有崖洞式、悬吊式、栈道式 3 种悬葬方式，主要以崖洞式为主，即将棺木放置于崖壁的岩洞内；其次是栈道式，即顺崖壁断层修筑栈道，在合适的地方放置棺木，事实上，有些棺木安置点，实际上也是死者生前生活的地方；悬吊式，有两种具体方法，一种是用铁索拴住棺木，悬吊于崖壁，用这种方法的比较少，另一种是在崖壁合适位置，凿洞打桩，在桩的上面放置棺木。根据宁武籍学者、太原师范学院教授王杰瑜先生的研究，结合当地的社会习俗，悬棺内安葬的是外来人，一是明代戍边将士，二是战乱时的逃荒者。

在小石门村西约 500 米，有一处凌空飞挂于石壁间的寺庙——悬空寺，又称“仙人洞”。其始建年代不详，清光绪十八年（公元 1892 年）进行过重修。

石门悬空寺
摄影 / 吴光宇

延庆寺在山西算是小众的旅游景点，没想到在《黑神话：悟空》游戏中竟成了小弥勒佛的湖中居处。其寺庙大殿作为金代遗构，展现出的是金代建筑的历史韵味。

通关文牒

延庆寺·忻州

延庆寺位于忻州市五台县阳白乡善文村。

今有旅客 ________ 于 ____ 年 ____ 月
游访至延庆寺，请赐贵印，照牒施行。

主要看点

在大佛殿普拍枋之上有横枋，比较罕见；山面的中间补间铺作出斜拱，比较少见；六椽栿之上没有出现常见的四椽栿；从上平槫到前后檐，使用长达两椽的大长托脚。

延庆寺坐北向南，二进院，前院为新建。后院大佛殿是金代建筑，面阔三间，进深六椽，单檐歇山顶。出檐深远，角柱有十分明显的生起，屋檐有优美的弧线，翼角飞起。东西山墙的外侧收分明显。檐下有阑额、普拍枋，阑额不出头，普拍枋出头。在普拍枋之上有横枋，比较罕见。明间柱头铺作下有两幅很大的兽面，应为清代所加。大殿柱头铺作为五铺作单杪单昂，昂下有华头子。补间铺作为五铺作双杪，明间的补间铺

延庆寺
大佛殿正面
摄影 / 王俊彦

延庆寺
大佛殿侧面

延庆寺大佛殿前檐
柱头上的兽面

作采用了斜拱，三只令拱成鸳鸯交首，上置七只散斗。山面、后檐柱头铺作、转角铺作的耍头尖长，略似批竹昂。山面的中间补间铺作出斜拱，比较少见。

殿内原本无柱，现在的四根柱子为后来维修时所加。殿内东西大梁的结构并不完全一致，因为东边的六椽栿曾经发生过断裂，西边是六椽栿通前后檐，而东边是五椽栿对后劄牵。六椽栿之上没有出现常见的四椽栿，而是通过高度不同的驼峰托起上平榑、下平榑以及平梁，平梁之上通过叉手、蜀柱托起脊榑。

从上平榑到前后檐，使用长达两椽的大长托脚，十分罕见。因为没有使用四椽栿，驼峰和栌斗都很大。前后檐柱头铺作后尾出三跳华拱，上承六椽栿。山面柱头铺作的后尾出三跳华拱托丁栿搭于六椽栿之上，因为丁栿逐渐斜起，在丁栿之下又垫了一根木料。

延庆寺大佛殿是一座颇有特色的金代建筑，在铺作、梁架方面都有创新之处，对研究山西地区的早期建筑具有主要的参考价值。

延庆寺大佛殿梁架

延庆寺大佛殿的大长托脚

南禅寺大殿作为《黑神话：悟空》游戏的取景地之一，既让玩家在游戏中近距离感受场景真实的震撼，也为历史文化爱好者提供了探索古代建筑艺术的绝佳机会。这里的每一块砖瓦都在诉说着唐代的辉煌，值得细细品味和珍藏。

南禅寺·忻州

南禅寺位于忻州五台县李家庄村西。

今有旅客 ________ 于 ____ 年 ____ 月
游访至南禅寺，请赐贵印，照牒施行。

主要看点

现存古建筑中屋顶坡度最平缓的建筑；柱头铺作的第二层柱头枋上施小驼峰、散斗承托压槽枋，此后的建筑物中少见；两次间各有一直棂窗，这是典型的唐代窗户样式；殿内的平梁上没有蜀柱，直接用大叉手承托脊榑；大殿内的彩塑佛像具有唐代早期塑像风格，是唐代雕塑艺术的精品。

全国仅存的三座唐代木构建筑，都在山西境内，南禅寺是其中之一。寺院坐北朝南，现存山门、正殿、东西配殿。正殿大佛殿建于唐建中三年（公元 782 年），面阔三间，进深四椽，单檐歇山顶。屋檐下无飞椽，为单层檐椽。当心间开门，两次间各有一直棂窗。柱头铺作为五铺作双杪偷心造，泥道拱上隐刻慢拱，无补间铺作。转角铺作出角拱，耍头平出，斫成批竹昂。斗拱的拱头卷刹，皆分五瓣，每瓣都内倾，这种建筑方法曾见于唐代以前的石窟寺，此乃建筑实物中最早一例。

柱头铺作的第二层柱头枋上施小驼峰、散斗承托压槽枋，此后的建筑物中少见。中国古代木构建筑的铺作形制，在南禅寺大佛殿基本定型。柱间有阑额相连，阑额之上没有普拍枋，阑额至角柱不出头，这是唐代常见的样式。大殿共用 12 根柱子支撑殿顶，墙身不负重，殿内无柱。西边的后三根柱子为方形，这是唐代建筑使用方柱的唯一实例。檐柱的柱头微微内倾，四个角柱生起，使得伸出的四个檐角翘起，檐口形成弧线。屋顶举折平缓，坡度为 1 ： 5.15，是现存中国古建筑中屋顶坡度最平缓的建筑。舒缓的屋顶、深远的出檐、雄大疏朗的斗拱，体现出大唐建筑的雍容大度。整个建筑结构简练，外观秀丽，形体俊美、古朴，庄重大方。

南禅寺大佛殿正面 摄影 / 王俊彦

南禅寺大佛殿柱头铺作

南禅寺大佛殿梁架，平梁上无蜀柱

殿内梁架为四椽栿通檐用两柱，平梁上没有蜀柱，直接用大叉手承托脊槫，这种汉唐时期的结构在五代之后很少出现。四椽栿与平梁之间有驼峰，是“梁栿驼峰式”结构手法的实例。

殿内有 17 尊（其中有 3 尊近年被盗）唐代彩塑佛像，仍然保持原貌。释迦佛居中，右侧以狮子为坐骑的是文殊菩萨，左侧以大象为坐骑的是普贤菩萨，两侧各有一位弟子、两位胁侍菩萨、一位天王。释迦佛像之前，是供养菩萨和童子。塑像主次分明，错落有致，表情逼真，栩栩如生。

南禅寺大佛殿普贤菩萨 摄影 / 王俊彦

南禅寺大佛殿
佛像左后侧的胁侍菩萨
摄影 / 王俊彦

南禅寺大佛殿唐代彩塑 摄影 / 王俊彦

四位胁侍菩萨的站姿，多为S形，姿态优美。右侧胁侍菩萨的右手与旁边护法天王的左手牵连，护法天王神态平和，面带微笑，全然不像后来各地佛寺天王塑像那样威猛，这样的塑像十分罕见。两位善财童子的塑像模样可爱，颇具生活气息。大殿的彩塑佛像虽然是中唐时期的作品，但具有唐代早期塑像的典雅风格，堪称唐代雕塑艺术的精品，具有重要的历史地位和艺术价值。

大殿内的佛坛几乎占满了殿内的空间，只在佛坛四周留有一米左右的走道，这与唐代人礼佛的情形有关。当时的人们是在大殿外礼佛，然后进入殿内，沿着顺时针方向绕佛坛一周参拜礼佛。傅熹年先生认为，当人们走到大殿的门口，恰好能看到殿内大佛背光的顶端，走到佛坛的外沿，恰好能看到大佛的头顶。大殿内佛坛和佛像的空间布置，完全是按照当时人们礼佛时的视角需要安排的。

南禅寺大佛殿是我国现存最早的木结构建筑，大殿的铺作、梁架基本保留了唐代的建筑原貌，殿内的彩塑保留了唐代早期的艺术风格，对研究唐代木结构建筑技术、彩塑艺术具有重要的价值。

《黑神话：悟空》游戏中的诸多佛寺建筑，都参考了佛光寺的建筑设计。就像唐大中经幢的莲花宝座，同款的铜制大钟，我们在第一回的观音禅院中随处可见。

佛光寺·忻州

佛光寺位于忻州五台县豆村镇东北6千米的山腰。

今有旅客 ________ 于 ____ 年 ____ 月
游访至佛光寺，请赐贵印，照牒施行。

主要看点

东大殿是我国现存最早的庑殿顶建筑；是我国现存唐宋古建筑中斗拱挑出距离最远的大殿；柱头铺作为七铺作双杪双下昂，为昂之最古实例；唐代塑像和唐代壁画荟萃一堂，极为珍贵；文殊殿内的梁架采用了大跨度的八字柁架，是我国古建筑中最早的实例。

佛光寺东大殿被著名建筑学家梁思成先生称为“第一国宝”，在东亚建筑文化区域有着特殊意义。东大殿依山而建，攀登大殿前陡峭的台阶，仿佛穿越千年的时光隧道。登顶之后，雄伟壮阔的大殿扑面而来，让人感觉似乎回到了大唐。东大殿重建于唐大中十一年（公元857年），单檐庑殿顶，面阔七间，进深八椽。大殿铺作硕大，气势宏伟。

佛光寺
东大殿正面

佛光寺
东大殿侧面

佛光寺
东大殿前檐铺作

柱头铺作为七铺作双杪双下昂，第一跳、第二跳出华拱，第二跳跳头施瓜子拱、慢拱，承托罗汉枋。第三跳、第四跳为下昂（为古建筑中最早的昂），第四跳跳头施令拱，与耍头相交，承托撩檐枋。补间铺作为五铺作双杪，其下没有栌斗，第一跳华拱直接与第一层柱头枋相交，第一跳跳头施翼形拱，第二跳跳头施令拱，与很短的批竹形耍头相交，承托罗汉枋。转角铺作也是双杪双昂，斜线上则出两跳角拱、三跳角昂（第三跳为由昂，梁思成先生认为这是由昂之最古实例），昂头上有宝瓶承托角梁。大殿屋顶平缓、斗拱纵横、出檐深远，这在宋代以后的木结构建筑中很难见到。

殿内的梁架为四椽栿对前后乳栿，四椽栿由内柱上的四跳华拱承托，四椽栿、乳栿都削为月梁，两端呈明显的弧线，四椽栿、乳栿之上的驼峰都为半驼峰。殿内有 33 尊唐代彩塑，拱眼壁上有唐代的壁画。殿内的 296 尊罗汉塑像是明代的作品。唐代塑像和唐代壁画荟萃一堂，极为珍贵。佛光寺东大殿，是集塑像、壁画、墨迹、建筑于一体的国宝极品。

佛光寺东大殿梁架局部

佛光寺
东大殿唐代彩塑

佛光寺
文殊殿前檐铺作

文殊殿重建于金代天会十五年（公元1137年），面阔七间，进深八椽，单檐悬山顶，是国内罕见的宋金时期大开间的悬山式建筑。柱间有阑额，阑额不出头，在阑额之上有普拍枋，普拍枋出头。柱头铺作为五铺作单杪单下昂，第一跳跳头施翼形拱，要头作下昂状，要头上衬方头出头。补间为五铺作双杪，有华丽的斜拱，出现 5 个凸出面，如花朵盛开。

殿内采用了减柱法，殿内梁架是四椽栿对前后乳栿的结构，一般情况应该立有 18 根内柱。殿内前后槽均施粗大的额枋，前槽用 2 根柱将殿内长度分割为中部三间、左右各两间的布局；后槽也用 2 根柱，立于当心间佛龛左右的平柱位置，而左右各分为三间之长。整座大殿将柱子用到最少，前后两排仅使用了 4 根金柱。柱间的最大净跨达到 14 米，根据需要,后排两侧的梁架进行了创新,在主额之下约一米处增加了一道副额，以分解主额上的重力。主额与副额之间用短柱、枋、斜柱联络，形成大跨度的八字柁梁，将主额上的重力传递到副额的两端，再传递到内柱和山墙柱上，这种大胆的创新，是我国古建筑中最早的实例。

佛光寺文殊殿八字柁梁

文殊殿东、西、北墙面上有明代宣德年间绘制的罗汉 259 尊，罗汉姿态各异、表情十分丰富。壁画中有罗汉吹奏乐器的场景，是古建筑中稀见的佛教音乐题材壁画。

佛光寺东大殿集唐代木构、彩塑、壁画、墨题于一体，是唐代大型殿堂建筑的典型代表。寺内保存有北魏古塔，唐代经幢，唐、金、明三代彩塑，唐、宋、明三代壁画，是一座跨越千年的古代艺术殿堂。

佛光寺文殊殿明代壁画局部

佛光寺唐代经幢

相信你没有错过《黑神话：悟空》游戏第三回小狐狸和负心书生的隐藏任务吧。如果你按照剧情一路带着小狐狸到了小雷音寺的偏殿里去找负心的不空和尚报仇，你会发现那和尚一直站在偏殿里对着一尊千手观音忏悔。这尊观音和这座大殿取材于忻州金阁寺。

金阁寺·忻州

金阁寺位于忻州市五台县五台山南台之北，中台之南。

今有旅客 ________ 于 ____ 年 ____ 月
游访至金阁寺，请赐贵印，照牒施行。

主要看点

观音殿是五台山最大的殿宇，高达 25 米，极为壮观；寺内有五台山最高大的千手千眼（三头四十八臂）观世音菩萨像；金阁寺各殿中共有塑像 1000 多尊。

在五台山寺庙建筑群中，除五座台顶的寺庙建筑外，金阁寺所处的地势最高，海拔 1900 米，距台怀镇约 15 千米。1983 年，金阁寺被国务院确定为汉族地区佛教全国重点寺院。

金阁寺始建于唐大历二年（公元 767 年），因其铸铜为瓦，渗以金饰，故名“大金阁寺”。唐代金阁寺的建筑布局参照了当时印度最著名的寺庙那烂陀寺的布局，于明嘉靖四年（公元 1525 年）重建。寺院坐北向南，平面布局以牌楼为前哨，以钟鼓楼、僧舍、客堂套院为两翼。中轴线上自南而北依次为天王殿、观音殿、楼殿和大雄宝殿。

金阁寺与佛教密宗创始人之一的不空法师有着极密切的关系，金阁寺就是由不空法师在唐代创建的中国最早的密宗中心。寺内现有明嘉靖年间铸造的高达 17.7 米的铜佛，为当时全国第二大铜佛，即五台山最高大的千手千眼（三头四十八臂）观世音菩萨像。金阁寺各殿中共有塑像 1000 多尊，是五台山塑像最多的寺院，也是五台山悬塑佛像数量最多的寺院。

金阁寺观音殿侧面
摄影 / 任波

金阁寺大雄宝殿
摄影 / 任波

金阁寺明代观音像
摄影 / 崔元和

金阁寺因其在密宗发展史上的中心地位而在历史上备受尊崇，现存佛像众多高大，在五台山众多寺庙中独树一帜，为世人瞩目。

五台山南山寺由三大部分组成，下三层为极乐寺，中一层为善德堂，上三层为佑国寺。上中下三寺叠峦交错，给了《黑神话：悟空》游戏的设计者极大的灵感。无论是寺中精美的雕花栏杆，还是栩栩如生的石雕，玩家都能在游戏中看到相同的影子。

南山寺·忻州

南山寺位于忻州五台县台怀镇南2千米的山坡上。

今有旅客 ________ 于 ____ 年 ____ 月
游访至南山寺，请赐贵印，照牒施行。

主要看点

佑国寺的影壁是五台山寺庙中最大的影壁；佑国寺的石雕作品丰富，无石不雕，雕工精湛；极乐寺大雄宝殿的十八罗汉塑像姿态不同，神情各异，个性鲜明，是五台山罗汉塑像中的精品。

南山寺依山势而建，建筑错落有致，共有 18 处院落、300 余间殿堂，是五台山规模最大的一座寺庙。

佑国寺的影壁是五台山寺庙中最大的影壁，平面呈凸字形，宽 17.3 米，高约 8 米。束腰须弥式底座，细磨青砖筑成壁身，中嵌汉白玉石雕，顶部为砖雕的仿木结构的单檐歇山屋顶，屋檐下有斗拱、垂柱。

在影壁之南的 108 级台阶上，是一座气势宏大的四柱三门式牌楼，宽 12.8 米，高 9 米，厚 1.6 米。四方石柱中券三眼拱洞，上覆三座单檐歇山式牌楼顶，中间的最高，两边的稍低，檐下有斗拱。牌楼之后的大钟楼兼作山门，下面是方台石券门洞，门洞口有汉白玉浮雕。门洞上面是重檐歇山顶的木楼，楼上四周围以石栏，围栏上雕刻各种花草树木，雕工精美。

佑国寺牌楼

佑国寺影壁 摄影 / 王俊彦

大钟楼石雕局部 摄影 / 王俊彦

佑国寺是南山寺最高的一座寺院，重建于明代，由三进院落组成。寺中的石雕作品丰富，无石不雕，雕工精湛。一进院、二进院、三进院都有许多石雕。石雕内容为历史故事、神话故事等，画面上的人物生动传神，栩栩如生。

佑国寺石雕之一

佑国寺石雕之二

极乐寺大雄宝殿
十八罗汉塑像之一

南山寺最下三层的极乐寺，寺内的大雄宝殿为元代建筑。佛坛上塑释迦牟尼佛和弟子、胁侍菩萨，两侧泥塑十八罗汉。十八罗汉姿态不同，神情各异，个性鲜明，特别是睡罗汉，睡姿优美，如入梦境。十八罗汉塑像具有极高的艺术价值，是五台山罗汉塑像中的精品。殿内石雕的汉白玉送子观音，雕刻工艺也颇佳。

南山寺各种建筑物上的汉白玉浮雕多达 1480 幅，在雕刻手法上采用了浮雕、圆雕、线刻等多种工艺，虽然是民国时期的作品，但艺术水平很高，被誉为五台山石雕艺术的宝库。

《黑神话：悟空》游戏里对中国古建还原最传神的就是第三回中的小雷音寺。当天命人走到寺庙的正面，一座雄伟的大门映入眼帘，门楣上一块金匾上书“小雷音寺”四个大字。这个特殊的匾额以及两旁的彩画，特别引人瞩目，而此处取景的正是山西忻州市的惠济寺。

惠济寺·忻州

惠济寺位于忻州原平市中阳乡练家岗村。

通关文牒

今有旅客 ______ 于 ____ 年 ___ 月

游访至惠济寺，请赐贵印，照牒施行。

主要看点

文殊殿内的 9 尊宋代彩塑姿态生动、纹饰华美，是宋代彩塑中的珍品，其中天王的塑像为宋代原作；观音殿内的倒坐自在观音塑像生动自然。

惠济寺坐北向南，为一进院，中轴线建有慈航殿（观音殿）和文殊殿（大佛殿），两侧建有东西配殿和钟楼。

文殊殿面阔五间，进深六椽，单檐歇山顶。殿内佛台上有塑像 9 尊，分别为文殊菩萨 1 尊、侍女 2 尊、护法天王 2 尊、圣化老人 1 尊、执辔童 1 尊，以及其他塑像 2 尊，均为宋代彩塑。金维诺先生对惠济寺宋代彩塑作过较为深入的研究，认为“殿内众多彩塑，姿态生动，纹饰华美，是宋代彩塑中的珍品”。殿内彩塑 2002 年曾被盗，目前仅有天王为原塑，其余的均为后补。两山墙角塑际空和尚和曹姑姑像，分别为明代和清代塑像。

惠济寺文殊殿正面
摄影 / 伊宝

惠济寺文殊殿彩塑
摄影 / 伊宝

惠济寺文殊殿彩塑“左侧天王”

惠济寺文殊殿彩塑“右侧天王”

观音殿面阔三间，进深两椽，单檐悬山顶，青灰瓦布屋面，前檐当心间辟格扇门。殿内有明代塑像 15 尊，分别为观音菩萨、十二圆觉和文臣武将。倒坐自在观音像的右腿自然翘起，右臂随意搭在膝盖上，形象生动自然。殿内壁画承袭宋元画风，具有典型明代寺观壁画特点，是同类壁画中的佳作，有较高的历史、艺术价值。

惠济寺观音殿壁画局部

观音殿东西两面墙壁上绘满壁画，总面积约 20 平方米，东壁约 11 平方米，西壁约 9 平方米，皆属明代风格，内容为观音救八难，共由八个故事组成，东西两壁各描绘四个。东壁故事分别为白虎难、水怪难、囚禁难、劫难；西壁故事分别是海难、冤案难、恶人难、蛇蝎难。壁画承袭宋元画风，具有典型明代寺观壁画的特点，是同类壁画中的佳作，有较高的历史、艺术价值。

惠济寺内的宋代塑像、宋代木雕像，造型逼真，栩栩如生，展示了古代雕塑艺术的表现手法和高超水平，具有较高的艺术价值。

第二章

晋中线

晋祠胜境越千年　双林彩塑舞翩跹　镇国古韵唐风传

在《黑神话：悟空》游戏的第三回夜生白露的主线剧情中，在天命人与亢金龙激斗的湖面上出现了一座小庙。这座小庙有两个圆形的窗子，叫作花窗或者花漏窗，这两个圆窗非常像人的眼睛，颇具灵动感，甚至在动画片《大闹天宫》和1986版电视剧《西游记》当中也都曾出现过。而这个中国人耳熟能详的小庙的原型就是太原晋祠的水镜台。

晋祠·太原

晋祠位于太原市晋源区晋祠镇晋祠社区悬瓮山麓。

今有旅客________于____年____月

游访至晋祠，请赐贵印，照牒施行。

主要看点

圣母殿是我国现存古代建筑中唯一符合《营造法式》殿堂式构架形式的实例；圣母殿前廊柱上雕饰有八条蜿蜒欲动的木龙，是我国现存最早的木雕盘龙；圣母殿内的宋塑侍女群像是我国现存宋塑中的珍品；鱼沼飞梁是我国现存最早的十字形古桥；献殿是我国唯一的殿亭结合的古建筑；水镜台是一座集殿、台、楼、阁四种形制为一体的复合建筑，在古建筑中罕见。

晋祠原名晋王祠，为纪念晋国第一代国君唐叔虞及母后邑姜而建，始建于北魏之前，宋建圣母殿，金建献殿，明、清陆续增建。晋祠建筑群坐西朝东，中轴线建有山门、水镜台、会仙桥、金人台、对越坊、献殿、鱼沼飞梁和圣母殿。

晋祠水镜台正面

水镜台是晋祠中部中轴线上的第一座建筑，建于高台之上。从东边看，是一座重檐歇山顶的建筑，它像座楼；底层为宽阔的殿堂形制，它又像座殿。明代时，东边的建筑是酬神演戏的舞台。从西边看，上部是单檐卷棚顶，像一座阁；底层又是宽敞的高台，像台式建筑。西边的建筑是清代增修的。这是一座集殿、台、楼、阁四种形制为一体的复合建筑，在古建筑中少见。西边的单檐卷棚顶楼台建筑则被用作戏台，三面开敞，演戏时为前台，面向圣母殿。东边的重檐歇山顶建筑，演戏时用作后台。台下埋着 8 个大水缸，每两个扣在一起，形成 4 组“大音箱”，这是古人用来增强音响的方法。水镜台是一座明清时期的复合戏台。水镜台也是 1986 版电视剧《西游记》的取景地之一。

献殿是供奉祭品的场所，建于金大定八年（公元 1168 年）。面阔三间，进深四椽，单檐歇山顶。共用了 12 根柱子，柱子的侧脚、生起明显，角柱生起达 8 厘米，翼角飞起。献殿的铺作借鉴了圣母殿下檐铺作的形

晋祠水镜台侧面

制。檐下柱头铺作为五铺作双假昂。补间铺作为五铺作单杪单昂，下昂为批竹式真昂斜下方伸出，耍头为批竹昂形。其梁架只在四椽栿上放一层平梁，梁栿间用驼峰隔承，既简单省料，又轻巧坚固。殿的四周

晋祠献殿侧面

鱼沼飞梁

除中间前后辟门外，均筑低矮坚厚的槛墙，槛墙上为栅栏，形如一座凉亭，灵巧而豪放。献殿是我国唯一的殿亭结合的古建筑。

鱼沼飞梁在圣母殿与献殿之间。鱼沼是晋水三泉之一。古人以方形为沼，圆形为池，因其是方形，水中又多鱼，故名“鱼沼”。沼上架有十字形桥，曰“飞梁”。东西桥面宽阔，为通往圣母殿的要道，而南北桥面下斜，如鸟之两翼翩翩欲飞。沼中立有34根小八角石柱，桥边缀勾栏。这种形制奇特、造型优美的十字形桥梁实为罕见，是我国现存最

晋祠圣母殿正面

早的十字形古桥。梁思成评价道：“此式石柱桥，在古画中偶见，实物则仅此一孤例，洵为可贵。”它对于研究我国古代桥梁建筑有极高的价值。

圣母殿前廊柱上雕饰有八条蜿蜒欲动的木龙，是我国现存最早的木雕盘龙。八龙各抱一根大柱，怒目利爪，栩栩如生，虽距今近千年，鳞甲、须髯清晰，跃跃欲飞。

圣母殿内的30余尊侍女塑像是我国宋塑中的珍品。她们或梳妆、洒扫，或奏乐、歌舞，举手投足，顾盼生姿。在这些彩塑侍女身旁，仿

晋祠圣母殿木雕盘龙

圣母殿侍女塑像局部

佛能听到她们的娓娓低语。郭沫若有诗云：“倾城四十宫娥像，笑语嘤嘤立满堂。”在艺术风格上，晋祠侍女塑像从对佛像的全力塑造，转化到对世俗人物的深入刻画，这是中国雕塑史上的一个飞跃。在古代雕塑史上，对人物个性细致的刻画和微妙的造型能力，晋祠宋塑首开一代新风。

晋祠是我国现存最早的皇家祭祀祠庙建筑群，集古典园林与古建筑于一体，宋、金、元、明、清各代建筑齐全，建筑形制多样，不乏典范之作，是研究中国古代建筑史的重要场所。

《黑神话：悟空》游戏里出现的各种佛像来头不小。其中很大一部分都出自平遥双林寺，双林寺最精彩的地方就在于其2052尊彩塑，大多为明代作品，极具神韵，堪称雕塑艺术的宝库。

通关文牒

今有旅客 ________ 于 ____ 年 ____ 月
游访至双林寺，请赐贵印，照牒施行。

双林寺·晋中

双林寺位于晋中市平遥县城西南的桥头村北，距平遥古城6千米。

主要看点

释迦殿内的观音渡海雕塑十分精彩，画面通过大海的风高浪急，衬托观音的安详，达到了极佳的艺术效果；千佛殿内的韦陀塑像，在瞬间表现出十足的动感，是我国古代寺庙彩塑中最成功的韦陀塑像。

寺院初建于北齐，现存建筑为明清所建。主要建筑有天王殿、释迦殿、大雄宝殿、千佛殿、菩萨殿等。

天王殿面阔五间，进深六椽，单檐悬山顶，前后插廊。前檐铺作为五铺作双昂，昂为如意假昂。廊檐下一字排列四大金刚，这样的布局十分罕见，金刚浓眉立目，目光锐利，胸肌隆起，姿态威猛，英武之气毕露。

双林寺天王殿 **摄影/韩锐**

释迦殿面阔五间，进深六椽，单檐悬山顶，檐下无铺作。殿内供奉释迦佛和两位胁侍菩萨，四壁悬塑48组佛传故事，200多尊塑像，形象不同，神态各异。以塑像的形式来表现释迦牟尼佛的生平故事，具有很高的艺术价值。殿内主佛背后的观音渡海雕塑十分精彩，大海上波涛汹涌，观音像用圆雕手法雕塑，观音侧身单腿盘坐于红色莲瓣之上，神情安详，周边有众罗汉护持。画面通过大海的风高浪急，衬托观音的安详，达到了极佳的艺术效果。

双林寺释迦殿渡海观音

千佛殿在大雄宝殿之东，殿内的彩塑达500余尊，占全寺塑像的四分之一。主像为自在观音，面相妩媚，姿态洒脱。殿内最精彩的是韦陀塑像，昂首挺胸，身穿甲胄，左手拿金刚杵，右手握拳，威风凛凛。雕塑时很注意细节的处理，韦陀的身体呈S形，重心在左腿，呈稍息站立状，但其上半身大幅向右扭曲，眼睛却朝左看去，在瞬间表现出十足的动感，是我国古代寺庙彩塑中最成功的韦陀塑像。

菩萨殿在大雄宝殿之西，殿内的主像为千手观音，仪态端庄，众多的手臂伸向两侧，手势千变万化，似乎能看到纤巧的手指在活动。四周

双林寺千佛殿韦陀塑像
摄影 / 杨平

悬塑400多尊高约50厘米的菩萨，皆脚踩祥云，衣带飞舞，一派佛国仙境。

双林寺彩塑继承了唐宋以来的艺术传统，更加注重细节的处理，是我国明代寺观彩塑的佼佼者。寺内保存完好的彩塑达1500多尊，堪称一座彩塑艺术宝库。

双林寺菩萨殿千手观音塑像 **摄影/杨平**

双林寺菩萨殿悬塑

“神工意匠昨日去，探幽怀古迹犹存”，山西平遥镇国寺是五代时期的建筑。其中万佛殿中的菩萨彩塑更是充满了唐风,《黑神话：悟空》的游戏开发者也自然是非常欣赏这一点，将这一充满虔信佛韵美景等比例完美复刻进了游戏当中。

镇国寺·晋中

镇国寺位于晋中市平遥县城东北的郝洞村，距平遥古城16千米。

通关文牒

今有旅客________于____年____月
游访至镇国寺，请赐贵印，照牒施行。

主要看点

万佛殿出檐深远，保留了唐代建筑风格；柱头铺作总高1.85米，超过了柱高的一半，在历代寺庙建筑中十分罕见；殿内梁架使用上下平行的六椽栿，铺作的昂尾压于上一条六椽栿下，这是现存古建筑中“上梁压昂”的较早实例；四椽栿与平梁之间设铺作，是“梁栿铺作式”的最早实例；殿内有彩塑11尊，为五代原作，国内罕见。

镇国寺始建于五代北汉天会七年（公元963年）。寺院坐北朝南，三进院布局，沿中轴线由南至北依次有天王殿、万佛殿和三佛楼，两厢建钟楼、鼓楼、观音殿、地藏殿及东西厢房。万佛殿为五代原构，余皆为明清建筑。

镇国寺万佛殿背面

万佛殿是北汉天会七年（公元 963 年）的原物，清代进行过维修，但保持了“规制奇古”的五代风格。该殿面阔三间，进深六椽，单檐歇山顶。出檐深远，达到 2.94 米，保留了唐代风格，类似五台山佛光寺东大殿的出檐效果。柱间有阑额，阑额不出头，阑额之上无普拍枋。万佛殿的建造时间与佛光寺相差 100 余年，可以看出两者在建筑风格上的传承关系。

万佛殿柱头铺作为七铺作双杪双下昂，补间铺作为五铺作双杪，柱

镇国寺万佛殿柱头铺作总高1.85米，超过了柱高的一半

镇国寺万佛殿使用平行的六椽栿，铺作的昂尾压于上六椽栿之下，即“上梁压昂”

头铺作总高 1.85 米，超过了柱高的一半，在历代寺庙建筑中十分罕见。檐下斗拱的拱端卷刹，分瓣内凹，继承了唐代风格。檐柱侧脚，生起 5 厘米。高大的斗拱、深远的出檐，使屋顶形如伞状。

殿内的梁架为六椽栿通檐用两柱，而且是上下平行的两条六椽栿，铺作的昂尾压于上一条六椽栿下，这是现存古建筑中“上梁压昂”的较早实例。两条六椽栿之间有顺栿串，顺栿串上隐刻铺作。上平榑之下的六椽栿、四椽栿、平梁之间出现隔架十字斗拱。上六椽栿与四椽栿之间、

镇国寺万佛殿右侧立姿胁侍菩萨

四椽栿与平梁之间都出现半拱，也比较少见。四椽栿与平梁之间设铺作，是“梁栿铺作式”的最早实例。

殿内有彩塑 11 尊，为五代时期原作，国内稀见。殿内的彩塑布局具有唐代风格，两侧的坐姿胁侍菩萨神态端庄，立姿胁侍菩萨姿态优美。在东、西两壁以及北壁门两侧的壁面上绘制了千佛图像，为明清时期的作品。

万佛殿的木构建筑是国内稀见的五代时期的建筑，在结构上既继承了唐代的风格，又有创新之处。殿内的彩塑也体现了五代时期艺术家的高超技艺。镇国寺是一座具有重要历史、艺术价值的千年古寺。

·第三章·

晋南线

霍山广胜出飞虹

西天悬塑造天宫

永乐壁画冠丹青

广胜寺始建于东汉时期，除上寺飞虹塔及大雄宝殿于明代重建外，其余多为元代建筑。其实不光是在游戏中，早在1986版电视剧《西游记》中，广胜寺那标志性的琉璃宝塔就曾经作为唐僧扫塔的布景出现过，这次和《西游记》题材的二度结缘，又一次让广胜寺的美景从游戏照进现实。

广胜寺·临汾

广胜寺位于于临汾洪洞县城东北17千米的霍山南麓。

通关文牒

今有旅客________于____年____月
游访至广胜寺，请赐贵印，照牒施行。

主要看点

上寺飞虹塔是国内现存最大、最完整的明代琉璃塔；上寺弥陀殿精美的菩萨立像，是广胜寺的珍品之一；上寺大雄宝殿佛龛上的镂空浮雕，被梁思成先生誉为“木雕中之无上好品”；下寺前佛殿的人字斜梁是我国古代建筑中罕见的实例；下寺大雄宝殿的塑像为元代塑像精品；水神庙壁画中有我国古代唯一的大型元代戏剧壁画。

现在广胜寺中的主要建筑，大多是元朝大德七年（公元1303年）大地震之后重新建筑遗存下来的，只有上寺的飞虹塔和大雄宝殿是明代的建筑。现存的广胜寺是以元代风格为主的古建筑群，具有很高的历史价值。20世纪30年代，《赵城金藏》在广胜寺被发现，轰动了国内学

广胜寺上寺鸟瞰

术界，广胜寺之名传遍全国。梁思成先生在考察了广胜寺的古建筑之后说：“国人只知道藏经之可贵，而不知广胜寺建筑之珍奇。”

广胜寺由上寺、下寺、水神庙三部分组成。上寺因为位于山顶，故称上寺。上寺有一座十三层的琉璃佛塔，这就是有名的飞虹塔。塔高 47 米，平面为八角形，塔身用砖砌，外镶黄、绿、蓝三色琉璃烧制的神龛、斗拱、莲瓣、盘龙、人物、鸟兽和各种花卉图案，把塔身装饰得绚丽多彩，宛如飞虹，故名飞虹塔。1934 年，林徽因、梁思成先生考察广胜寺时，认为虽然飞虹塔的各种琉璃瓦饰用得繁缛不得当，“如各朵斗拱的耍头均塑作狰狞的鬼脸，尤为滑稽”，“但就琉璃自身的质地及塑工说，可算无上精品”。塔的底层有补建于天启二年（公元 1622 年）的木围廊，在围廊之上，南面出抱厦一间，十字歇山顶。塔的收分很急，愈往上，塔身愈窄，最上层只有底层的三分之一左右，上下各层的塔檐檐角轮廓成一直线。飞虹塔是广胜寺的标志性建筑，是广胜寺的建筑之魂。飞虹

广胜寺飞虹塔远景

广胜寺飞虹塔局部

广胜寺上寺弥陀殿，普拍枋在柱头上采用“勾头搭掌”的手法

塔建成于明嘉靖六年（公元 1527 年），是国内现存最大、最完整的明代琉璃塔，虽然历经近 500 年的风雨沧桑，依然鲜艳如新，被专家们称为我国明代琉璃建筑的代表作品。1986 年版电视剧《西游记》第十八集《扫塔辨奇冤》中的祭赛国金光寺塔正是取景于飞虹塔。

飞虹塔之北的弥陀殿是上寺的前殿，面阔五间，进深六椽，单檐歇山顶，虽经明代重修，但梁架是元代遗构。前檐铺作为五铺作双昂，后檐铺作为五铺作单杪单昂。前檐当心间用补间铺作两朵，次间一朵，梢间不用。东西两侧的山面不用补间铺作，这种正面与山面完全不同的补间铺作布置，在其他地方很少见到。当心间开门，没有开设窗户，也比较少见。阑额较细，普拍枋宽大。梁思成先生当年考察时，认为此殿的普拍枋在柱头上采用《营造法式》所说的“勾头搭掌”的手法，让他们“初次开眼”。（实际上，现存最早使用普拍枋的平顺大云院的普拍枋在柱头处就是采用“勾头搭掌”的手法，这也是山西各地古建筑的普遍手法。）

广胜寺上寺弥陀殿大势至菩萨立像
摄影 / 杨平

为了扩大殿内空间，采用了减柱与移柱并用的方法，前后仅用四根柱子，这四根柱子并没有像一般建筑物那样设在明间的两侧，而是移到次间的中线上。殿内供奉阿弥陀佛、观音菩萨、大势至菩萨。两侧有菩萨立像，面相圆润，神态凝重，胸配璎珞，足踏麒麟，梁思成先生认为其有宋代雕塑的风韵。殿内东壁残存有水陆画。著名的佛教经典金版《大藏经》曾收藏在弥陀殿内，后来被称为《赵城金藏》。

上寺的中殿，即大雄宝殿，面阔五间，进深六椽，单檐悬山顶。大殿的佛龛内供奉着释迦牟尼佛和文殊菩萨、普贤菩萨，是金元时期的木

广胜寺上寺大雄宝殿普贤菩萨塑像

雕精品，造型秀美，栩栩如生，有宋代遗风。三间佛龛上镂空浮雕的花草、瑞兽、几何纹，刀法细腻，雕工一流，被梁思成先生誉为“木雕中之无上好品”。在殿内正中的上方有一块“光辉万古”匾，上款“癸巳菊月”，落款“皇四子和硕雍亲王敬书”。癸巳即康熙五十二年（公元1713年），当时雍正的身份是和硕雍亲王。雍正题写的匾额很少，以皇子身份所写的匾额更为罕见。

上寺的后大殿称毗卢殿，面阔五间，进深八椽，单檐庑殿顶，明代

广胜寺上寺大雄宝殿拂霖塑像

重修，梁架保留了元代遗构。由于在屋顶没有推山，屋顶正脊的长度很短，在屋顶外观上很少见。殿内两山面中线上有大昂尾挑于上平槫之下，四根金柱外移。该殿南面当心间设格扇门，门上的格眼由许多梭形和箭形的木雕片镶成，做工十分精细，代表了明代小木作工艺的最高水平。殿内奉毗卢、阿閦（chù）、弥陀三佛及胁侍菩萨、护法金刚等像。

广胜寺的下寺建于霍山脚下，依山傍水。下寺的建筑群由天王殿、前佛殿、钟楼、鼓楼、大雄宝殿、配殿等组成。天王殿现在是下寺的山

广胜寺上寺毗卢殿正面

门，面阔三间，进深四椽，单檐歇山顶，是一座别致的元代建筑。因为在前后檐下各有“垂花雨搭”，在视觉上形成了重檐的效果，这也是古建筑中的孤例。阑额在角柱的出头出斫作楷头，普拍枋抹角。檐下为五铺作单杪单昂，侧面山柱上

广胜寺上寺毗卢殿东侧龙女彩塑

广胜寺下寺天王殿侧面

用双杪，耍头为蚂蚱形。“垂花雨搭”由檐柱挑出的四根悬柱支撑，悬柱之间有阑额、普拍枋，在普拍枋之上为单杪四铺作。梁思成先生当年考察时有云：“山门外观奇特，最饶古趣。”天王殿内的梁架特殊，使用了三个月梁、三个蜀柱，中间的蜀柱上有丁华抹颏拱，两山面有斜起的大昂搭于四椽栿上，平梁上没有使用叉手，两侧使用了连续的两个托脚。尤其是在平梁上并立了三个蜀柱，属于古建筑中少见的情形。

下寺前佛殿面阔五间，进深六椽，单檐悬山顶。除了前檐当心间有

广胜寺下寺前佛殿人字形趴梁

一朵补间铺作外，前后檐都只有柱头铺作，显得古朴简洁。殿内仅在当心间前后立内柱，次间不用，在当心间内柱与山柱之间，设庞大内额，而在次间与梢间之前后檐柱上，自斗拱上安置向上斜起的梁，犹如巨大的昂尾，前后两大昂尾相抵于平梁之下，形成人字形趴梁，承托着平梁的中部，斜梁伸出殿外作为铺作上的衬方头。这种人字斜梁是我国古代建筑中罕见的实例。梁思成先生认为，这种梁架结构是罕见的宋代以前的建筑规制，日本早期的一些古建筑也传承了这种梁架结构，而不是日本的自创。前佛殿东西两侧有小巧的钟鼓楼，紧挨着大殿，底层开门，上层十字屋脊，钟鼓楼如此安排，十分罕见。

下寺的大雄宝殿俗称后大殿，乃下寺的主殿，是元代木构建筑的代表，巍峨壮观。面阔七间，进深八椽，单檐悬山顶。五铺作单杪单昂，只有柱头铺作，没有补间铺作。殿内的梁架也采用了减柱法和移柱法，

广胜寺下寺大雄宝殿塑像局部

多处使用弯料。传统的梁架结构，应该是在殿内前后排列两行金柱，每行各为六根。但此殿在应该出现两行金柱两端的次间、梢间、尽间处各用了一根长跨三间的原木大内额，以承重次间和梢间的梁架，前后排各用了四根柱子（即减柱法），并且都移开了应该所在的位置（即移柱法）。这样，前后两排都减少了金柱，增加了室内使用面积。减柱法和移柱法的运用，使殿内空间加大，形成近 500 平方米的开敞空间。前后檐次间和梢间的乳栿斜搭于原木大内额之上，成为八字斜梁承托四椽栿，和前佛殿的人字形梁架近似。殿内靠墙有长方形佛坛，佛坛上有三世佛、文殊、普贤二菩萨及侍立菩萨塑像，为元代塑像精品。毗卢遮那佛前现存的一尊胁侍菩萨，眉目清秀，小嘴高鼻，衣纹的线条流畅。梁思成先生对殿内塑像评价很高："侍立诸菩萨尤为俏丽有神，饶有唐风，佛容衣带，庄者庄，逸者逸，塑造技艺，实臻绝顶。"

广胜寺水神庙壁画《元杂剧场景图》

水神庙位于广胜寺下寺的西侧，与下寺仅一墙之隔。霍山之麓的水神庙不是一般的水神庙，它是进入国家祭祀序列的最高等级的水神庙。水神庙初建于隋代开皇十四年（公元 594 年）。现存的水神庙主殿明应王殿为元仁宗延祐六年（公元 1319 年）重修。水神庙虽然不是佛教寺庙，但在历史上一直由下寺的僧人管理，因而和广胜寺关系密切。明应王殿面阔、进深各五间，重檐歇山顶。在水神庙正殿的四壁绘满了元代的风俗壁画，这是中国古代为数不多的不涉及佛教和道教内容的壁画。东壁的《龙王行雨图》和西壁的《祈雨图》遥相呼应。在南壁的东半部分绘有一幅“大行散乐忠都秀在此作场”的元代戏剧壁画，这是我国目前发现的唯一大型元代戏剧壁画，是研究中国戏剧发展史和舞台艺术的珍贵资料。这幅戏剧壁画上共有 11 个人物，前排 5 人，后排 6 人。前排的 5 人是生旦净末丑角色，中间的演员女扮男装，说明当时男女演员已经开始同台演出。后排 6 人，左边的那个人从后台探出半个身子探望，有 4 人是乐队成员，其中有一位女乐手。

殿内的壁画内容丰富，还有《王宫尚宝图》《王宫尚食图》《梳妆图》《对弈图》《捶丸图》《卖鱼图》等，为研究古代的戏剧、体育、民俗、服饰、建筑等提供了极为可贵的历史资料。有研究者认为，壁画中的《梳妆图》《对弈图》《捶丸图》《卖鱼图》，是古人采用汉字的谐音，用图中的镜子、对弈、打球、卖鱼，表达“敬意求雨”之意，此观点是有道理的。

《卖鱼图》绘于东壁北下部，图中桌子上摆着酒缸、酒壶、酒杯、汤勺等器皿。有六个人物：桌后二人，一老一少，老者斟酒，少者捧杯；桌旁二人，其中一人手捧果盘，二人都注视着正在复秤的官员手中的秤。渔翁上着黄衫，下穿白裤，腰带背后斜插一把长柄弯钩，身后有鱼筐，右手提着鲜鱼，身体微向前倾，面带微笑，看着复秤官员的脸色，似乎

广胜寺水神庙壁画《卖鱼图》

正和官员讨价还价；复秤的官员身体微向前倾，秤钩上吊着三条鱼，他的左手护着秤砣，两眼盯着卖鱼翁。画面上，把看人脸色的卖鱼翁刻画得惟妙惟肖。

《捶丸图》绘在西壁北侧上方，在山间的一块平地上，两位官员一东一西，持杆俯身拾球，做击球状，旁边有两位侍者站立。地上有一球洞，将球打入洞内即为赢。从画面的情形看，颇像现代的高尔夫球运动。画面上山势起伏、白云缭绕、树木葱葱，涧水淙淙，宛若仙境。

《对弈图》位于西壁北侧下方，画面以山石、瀑布、树木为背景，两位官吏在山间对坐下棋，旁边有四位神态各异的侍者观战，左边穿红

广胜寺水神庙壁画
《捶丸图》

广胜寺水神庙壁画
《对弈图》

色衣服的官员正在往棋盘上落子，右边的官员左手拄于腿上，右手放在棋罐中，几位侍者都手拿东西恭候一旁。

广胜寺的木构建筑、琉璃塔、壁画、彩塑都是重要的文化遗产，在我国古代建筑史、壁画艺术史、彩塑艺术史上都具有十分重要的地位。

“既见未来，为何不拜！”

作为游戏中的名场面，第三回 BOSS 黄眉大王所在的地方正是取景于隰县小西天的大雄宝殿。我们这些天命人不光要和黄眉僧用棍棒理论一番，后面还会被他抓到背后的三千极乐小世界里，和千百个微缩罗汉杀个天昏地暗。而在现实里，当我们走进大雄宝殿，亲眼看到这 1900 多尊木骨泥质彩塑罗汉如层峦叠嶂一般耸立，呈现出仙宫佛国、金碧辉煌的迷人景象，更让人很难分清哪里是游戏，哪里才是现实。

小西天·临汾

小西天位于临汾隰县城西的凤凰山巅。

今有旅客________于____年____月

游访至小西天，请赐贵印，照牒施行。

主要看点

寺院的建筑布局以小巧取胜，既有一般寺院之布局，又深得园林建筑之旨；寺内上院大雄宝殿的悬塑技艺高超，是中国17世纪的悬塑艺术精品，是中国古代雕塑艺术史上的悬塑之冠。

小西天原名千佛庵，因为寺院内的大雄宝殿有千余尊佛像故名。千佛庵与原来县城南关的圣境寺都以悬塑著名，圣境寺的殿宇众多，建筑规模宏大，有“大西天”之称。千佛庵在建筑规模上较小，所以被俗称为“小西天”。

小西天建于明朝末年，依山而建。寺院的建筑布局以小巧取胜，为了充分利用有限的空间，寺院中的大部分殿堂均为双层建筑，高低错落，红墙绿树，曲径通幽。既有一般寺院之布局，又深得园林建筑之旨。

该寺分为上下两院。上院的主殿为大雄宝殿，左右有文殊殿、普贤殿两座配殿，两侧是北极殿、马王祠。下院的建筑有无量殿、韦陀殿、摩云阁、八卦亭、钟楼、鼓楼。

上院是全寺的精华所在，大雄宝殿面阔五间，进深六椽，单檐硬山顶，前有插廊。大雄宝殿内的悬塑制作开始于明末，完成于清顺治年间。殿内的梁架上有漂亮的彩绘，花团锦簇，梁架上的彩绘采用沥粉贴金的手法，是明清建筑彩画中的高等级画法。殿内正面排列着相连的五个佛龛，供奉“释迦”“毗卢”“弥勒”“弥陀”“药师”五尊佛像，五佛端坐莲台之上，南北两侧有十大弟子和小沙弥。五尊主佛都身着袈裟、披肩，袈裟和披肩的领口都饰有花纹，胁侍菩萨均头戴宝冠，身着披肩小衣，臂悬飘带，身姿婀娜。

释迦牟尼佛上方悬塑西方圣境，毗卢遮那佛上方悬塑龙华三会、千

小西天布满悬塑的大雄宝殿

小西天大雄宝殿西壁悬塑“释迦佛与胁侍菩萨”

小西天大雄宝殿北壁悬塑“十大弟子”局部

小西天大雄宝殿南壁悬塑“西方三圣”

佛殿，弥勒佛上方悬塑明王殿，阿弥陀佛上方悬塑金色世界，药师佛上方悬塑琉璃世界。五尊佛像之间都有方形的塔柱，方形塔柱上有栏杆、平座、飞檐、斗拱、垂柱、脊饰，犹如四座高楼，这四个方形塔柱与五尊主佛上方的悬塑构成了大殿内空中楼阁的效果。南壁十大弟子上方悬塑“西方三圣”“四大天王”等佛教人物，北壁十大弟子上方悬塑三十三层天、佛传故事等。勾栏平台上，伎乐天翩翩起舞，飘逸灵动。在南壁的第二层平台上有十二伎乐天，左起第三位为弹琵琶伎乐天，头戴宝冠，腰身向左边倾斜，左手托琵琶上部，右手正在拨弦。其他伎乐天大都手执乐器，身姿妖娆。

整座大殿内的悬塑多达十几层，金碧辉煌，色彩缤纷，孔雀、仙鹤等珍禽在云上飞舞，五颜六色的花朵在园中盛开。楼阁层层，祥云缭绕，

小西天大雄宝殿南壁悬塑
“共命鸟” 摄影 / 厉春

一派仙宫佛国景象。大殿内的彩塑颜色明艳，历经近 400 年完美如新。

小西天大雄宝殿内的悬塑造型生动，千姿百态，雕塑技艺高超，是中国雕塑艺术史上的悬塑之冠。赵朴初先生曾挥毫为大雄宝殿书联：“东土西方微尘不隔，人间天上万象庄严”。

小西天大雄宝殿南壁悬塑
摄影 / 王俊彦

当你化身天命人，游荡在汾城古镇里，无意间走过“鉴祭坊”的牌楼。正是这个牌楼在《黑神话：悟空》游戏里是通往小雷音寺的唯一通道，恰好建在了巨大弥勒佛的肚脐上，走过牌楼就走到了弥勒佛的肚子里。

汾城古镇·临汾

汾城古镇位于临汾市襄汾县城西南16千米。

今有旅客________于____年____月
游访至汾城古镇，请赐贵印，照牒施行。

主要看点

城隍庙前东西向的古巷，明清风韵扑面而来，古巷东西两端建有跨街木牌坊，这里是《黑神话：悟空》的取景地之一；城隍庙建筑群；文庙建筑群；社稷庙建筑群；金代廊桥洪济桥。

唐初，此地为尉迟恭的封地敬德堡。贞观七年（公元633年）太平县城迁于此，民国初年改太平县为汾城县，直到1954年，汾城作为县城历经1300多年。1954年汾城县与襄陵县合并为襄汾县，原来的汾城县城降格为汾城镇。不过，在这里却留下了大批的金、元、明、清古建筑。不再作为县城，应该是汾城的幸运，古城内的古建筑在几十年来得以较好地保存下来，成为山西省著名的古建群之一。

汾城现存的古建筑，主要有城隍庙、文庙、明伦堂、贡院、文峰塔、

汾城镇鼓楼

鼓楼、县衙大堂、关帝庙、社稷庙、洪济桥、城墙等，有 10 余处 40 多座。现存古建筑的年代，从金代到元、明、清，纵跨 800 多年。就遗存古建筑的规模而言，汾城的古建筑景观比较完整，是古代县城建筑的标本之一。

沿大路进入汾城镇，首先映入视野的便是屹立在十字路口的鼓楼，和与之遥遥相对的文峰塔。

鼓楼位于汾城镇的十字街中心，始建于唐，清康熙四十七年（公元 1708 年）重建，道光年间和民国时重修。重檐十字歇山楼阁式建筑，通高约 15 米，下层周砌女儿墙，上层置木栏杆，可凭栏远眺，上下两层飞檐斗拱，彩色琉璃饰顶，雄伟壮丽。

汾城镇的布局还沿袭汾城古城的原有格局。以鼓楼为中心，向东、西、南、北分别有四条街道，为县门前街、角口街、南门街和鼓楼街。从鼓楼向东，沿县门前街，现存有县衙大堂和关帝庙；而鼓楼以西，即角口街以北、鼓楼街以西的这一大片区域，古建筑保存完好，城隍庙、文庙、

汾城镇城隍庙前东西向的古巷

贡院、文峰塔，自北向南构成了一片别具特色的明清建筑群。

城隍庙建于明初，布局完整，由东西牌坊、影壁、石旗杆、门楼、过亭戏台、献亭、大殿、钟楼、鼓楼及东西两庑组成。城隍庙前有一条东西向的古巷，巷子里的建筑是地道的明清建筑，步入这条古巷，明清风韵扑面而来。古巷的东西两端建有跨街木牌坊，均为三间四柱式，东为“鉴察坊”，西为“翊镇坊”。东西两座牌坊的中坊屋顶是阔大的歇山顶，把左右坊的屋顶完全遮蔽于下，形成重檐效果。

进入大门，一座重檐歇山顶的过路式戏台近在眼前，上置台板为戏台，下面是人行通道。戏台后半部建为后堂，面阔三间。戏台的形制为凸形，从正面看，戏台前后两部分的房檐、屋脊形成了层层叠叠的效果，漂亮的木雕、斗拱、翼角、琉璃，美轮美奂。

戏台前方、大殿之前为一座四柱献亭，十字歇山顶，饰以彩色琉璃。献亭的八角形藻井，方圆结合，尽显木构建筑之美。城隍庙大殿坐北朝

汾城镇城隍庙门楼

南，面阔五间，进深六椽，单檐悬山顶，雄伟壮观。殿内采用减柱法，只用后排的两根金柱撑起一根粗壮的大内额，有元代遗风。前檐设有一排宽阔的回廊，回廊面阔七间，与大殿的屋顶分作两段。献亭、回廊、钟楼、鼓楼如众星捧月般围绕着大殿，烘托出大殿的尊贵地位。大殿屋顶的彩色琉璃构件保存完整，色彩缤纷，流光溢彩。院内有数棵千年古柏，更增添了城隍庙的古意。在大殿两侧建有钟楼、鼓楼，均为重檐十字歇山顶楼阁式建筑。造型古拙的钟楼、鼓楼与献亭呈倒品字形布局，使得这片建筑显得错落有致。

文庙在古巷之南，与城隍庙相邻而建，始建于唐，元代重建，明清修缮。主要建筑有棂星门、泮池、大成门、露台、大成殿等。棂星门是文庙的大门，三间四柱牌坊式，花岗岩石质。在大门的两面，有四对南北斜撑的石质门柱，中间四根斜撑的石柱上雕刻着盘龙。棂星门两侧各有一座琉璃影壁。从棂星门往里望去，院中古木森森，石桥从泮池上飞架而过，不远处的大成门、大成殿赫然在目，庭院深深，古意盎然。

进入文庙大门，泮池就近在眼前。泮池由两个半月形水池组成，它是古代官学的标志性建筑。一座小巧的石拱桥架在泮池之上，人称状元桥，表达了古代学子金榜题名的美好愿望。泮池周围的石栏板、石拱桥的望柱和石栏板上都有精致的石雕。

大成殿面阔五间，重檐歇山顶，四周回廊，前有三间抱厦。殿前有一方形露台，这是一座露天的舞台，上面还有两株古树，和露台前的古树遥相呼应，给大成殿增添了几分庄重的气氛。当年祭祀孔夫子时，庄严肃穆、雍容大方的乐舞就在露台上敬演。

贡院与文庙隔街相望，贡院里的建筑依然保留着部分原貌 。

文峰塔位于贡院的西南，始建年代不详，塔高 24 米，八角形，共九层，为密檐式空心砖塔。因位于贡院门前，俗称学前塔、贡院塔。底层最高，

汾城镇城隍庙过路戏台

汾城镇城隍庙
大殿、回廊、献亭

檐下饰以仿木结构的砖雕斗拱。第二、第五层南北塔身设有券龛，其他各层的北侧设有券龛。各层檐角上都悬挂有铃铛，微风吹过，铃声叮当，古韵悠悠。

沿鼓楼往南就是南门街。出南门街再往南，就出了汾城古城，进入汾城南关。社稷庙和洪济桥都在南关。

汾城镇文庙泮池栏板石雕

社稷庙位于南关石坡北侧，初建于明代洪武年间，比北京社稷坛的创修时间还要早。现存建筑重建于清嘉庆十六年（公元1811年），重修于道光九年（公元1829年）。社稷庙坐北朝南，内有献殿、正殿、钟鼓楼等建筑。汾城镇的社稷庙是国内现存罕见的县级社稷庙。献殿

汾城镇文庙大成殿与露台

汾城镇贡院与文峰塔

面阔三间，卷棚式建筑，檐下斗拱皆出斜拱，十分漂亮。献殿仅用两排八根木柱支撑，四面开敞，周围有木栅栏环绕。柱间的额枋、雀替木雕精美，架下有垂莲柱，北侧额枋有透雕的人物、博古图案木雕。正殿面阔三间，歇山式建筑，檐下铺作为七踩三昂。在正殿东西两侧有钟楼、鼓楼，为二层十字歇山式建筑。钟楼、鼓楼结构精巧，纯用木材建构。一层没有出檐，四周有格栅护栏围绕，下部空间开阔，颇似一座亭子。钟楼、鼓楼的八卦藻井构图别致，八根垂莲柱环绕着八卦藻井，白色的垂莲、红色的底板、黑色的八卦图案，组成绚丽的色彩。钟、鼓楼的木雕风格与献殿的木雕风格一致。整个社稷庙建筑的木雕精彩绝伦，令人惊叹。

洪济桥位于南关石坡下，东西向，南北宽 7.2 米，东西长 14.2 米。桥身为石砌单孔拱桥，桥上建桥廊五间，木石结构，单檐歇山顶。洪济桥建于金大定二十三年（公元 1183 年），是汾城现存最古老的建筑。清乾隆年间将桥廊的木柱易为石柱，此桥至今还在使用。桥面上 16 根桥廊石柱挺立，梁架下 12 个莲花柱下垂，飞檐斗拱，青石铺地，典雅

汾城镇社稷庙鼓楼八卦藻井

汾城镇金代廊桥——洪济桥

古朴，该桥集实用性和美观于一体。类似洪济桥这样历经 800 多年的廊桥建筑，在国内十分少见。

汾城的古建筑遗存丰富，中国古代县城的建筑类型基本都保留了下来。汾城遗存的古建筑时间跨度长，明代建筑比较多，保存状况基本完好，是遗落在晋南平原上的一座古城，在古建筑众多的山西，汾城古建筑群这些年被冷落了，几乎被人遗忘。历史文化厚重的汾城，至今还“养在深闺人未识”。在经济转型的今天，我们应该保护好汾城古建筑群这颗文化明珠，让她发挥历史文化价值，让更多的人认识汾城的古建筑之美、领略这座古城的多彩神韵。

《黑神话：悟空》开发团队通过实地扫描，力求在游戏中呈现真正的中华风格。游戏高度还原了大量的中式古建筑，壁画佛龛，摩崖造像。其中游戏内的菩萨造像就参考了福胜寺的“最美菩萨”——渡海观音的形象。

福胜寺·运城

福胜寺位于运城新绛县光村之北，距新绛县城18千米。

今有旅客________于____年____月
游访至福胜寺，请赐贵印，照牒施行。

主要看点

弥陀殿内塑有弥陀佛及胁侍观音菩萨、大势至菩萨，唐宋遗韵明显；弥陀佛宝座背后的悬塑渡海观音，被誉为“中国最美观音塑像”；观音旁边的明王塑像造型夸张，发型很有特点，《黑神话：悟空》中的“金刚”原型就是高平铁佛寺铁佛殿“崇宁真君”造型和福胜寺这尊明王造型的组合。

福胜寺坐北向南，为四进院落。现存主要建筑为元代遗构。中轴线自南向北依次有山门、天王殿、弥陀殿（正殿）、后大殿，两侧有十殿阎君殿、三霄娘娘殿、东西配房、厢房及廉颇蔺相如配殿等建筑。

弥陀殿为重檐歇山顶，面阔、进深各五间，四周围廊，檐下铺作为五铺作双下昂。现存为元代遗构，明弘治年间重修。殿内塑有弥陀佛及

福胜寺弥陀殿西侧罗汉塑像局部

胁侍观音菩萨、大势至菩萨。在弥陀佛宝座的背后，悬塑有南海观音、善财童子、明王及供养人等，是具有宋代风格的彩塑精品。殿内两侧，有明代补塑的十六罗汉及四大天王。十六罗汉都如真人般大小，神态各异，或目视前方，或盘膝而坐，或相向交谈，或面带微笑，个个栩栩如生，惟妙惟肖。

弥陀殿的弥陀佛像高 4 米，正中高坐，面相圆润，双目下视，双耳垂肩，左手置于腿上，右手半举，掌心侧向上，表现出说法的样子。左侧的观音菩萨，圆脸细眉，口小鼻直，身披长巾，左手掌心朝上举于腰间，右臂稍弯曲，身体微向前倾，姿态婀娜。右侧的大势至菩萨，左手掌心朝上平举于胸前，右手稍弯，掌心朝内举于腰间，身体微倾，神情庄严。

福胜寺弥陀殿内的弥陀佛及胁侍观音菩萨、大势至菩萨

整组塑像造型优美，比例协调，色彩富丽，有雍容华贵之气，上追唐风宋韵。

弥陀佛宝座背后的悬塑渡海观音，被誉为“中国最美观音塑像”。该塑像高达 6.1 米，采用高浮雕手

福胜寺弥陀殿渡海观音悬塑

福胜寺
弥陀殿善财童子悬塑

法，比例适度。观音菩萨顶戴华冠，胸挂璎珞，体态修美，面容秀丽，和蔼可亲。观音身上衣服的褶皱、头顶的祥云与飞舞的飘带，以及作为背景的大海波浪，构成了飘逸的动感，使整个画面鲜活起来。尤其是用层层叠叠、起起伏伏、深浅不同的曲线浮雕海水的波浪，有一种深远辽阔的意境，在有限的空间内表现了大海漫无边际、波涛汹涌的气势，达到了咫尺千里的效果。

福胜寺弥陀殿明王塑像
摄影 / 李贺

观音脚旁的善财童子，造型别致，小手圆润，额头饱满，神情天真，萌态十足，足以称得上“最萌善财童子塑像”。观音旁边的明王塑像造型夸张，发型很有特点。

福胜寺的彩塑艺术价值极高，弥陀殿内的弥陀佛、菩萨、罗汉、童子、明王塑像都为具有唐宋风韵的彩塑精品，尤其是弥陀佛宝座背后的悬塑艺术水平最高。

在《黑神话：悟空》游戏第二回的隐藏关卡里，我们有幸能一瞥黄金之国斯哈哩国的鼎盛之貌，在漫漫黄沙之上，远处矗立着一座佛塔，其原型正是运城万荣县飞云楼。

飞云楼·运城

飞云楼位于运城万荣县县城的东岳庙中。

今有旅客________于____年____月
游访至飞云楼，请赐贵印，照牒施行。

主要看点

全楼 345 组斗拱密集排列，32 个檐角宛若盛开的花瓣。各檐翼角翘起，势欲飞翔；第二、第三层的屋檐在四面都出现一个歇山顶抱厦，木楼的外立面由此打破了单一的直线直角，这两层抱厦的形制是飞云楼夺人眼球的关键。

唐代设立的万泉县城在孤山北坡，虽然形势险要，但地势北低南高，不符合风水地理的要求，为了解决这一问题，古人采取在万泉县城之北修建三座象征泰山的东岳庙与巍峨的孤峰山相呼应。三座东岳庙在地理方位上形成一个倒三角形，北边的两座分别建在东张翁村、解店镇（今万荣县城），南边的一座建在万泉县城（今万荣县万泉乡）北门外。在

万荣东岳庙全景

解店镇的东岳庙中修建高耸的飞云楼，是因为这里的地势最低，建高楼在风水地理上予以完善。相传飞云楼始建于唐还是有可能的。

东岳庙内主要建筑有山门、飞云楼、午门、献殿、享亭、大殿和寝宫。飞云楼造型秀丽美观，平面呈方形，纯木结构，没有使用一个铁钉。明三暗五层，高 23.19 米。三层四出檐，十字歇山顶，面阔、进深各五间，中央 4 根通天柱高 15.45 米，四周 32 根木柱构成棋盘式。第一层的屋檐出挑很远，像一只巨型手掌把上面的几层楼阁托起；第二层有一个暗层，其平面变为折角十字；第三层也有一个暗层，其外观与第二层相似；第四层屋檐的出挑远于第二、第三层屋檐，第二、第三层的屋檐在四面都出现一个歇山顶抱厦，使得这两层的每个檐角都由一个变为三个，与

飞云楼正面

飞云楼侧面

飞云楼第一层
明间的补间斗拱

飞云楼的顶层的转角铺作如盛开的花朵

飞云楼檐角特写

底层屋檐、顶层屋檐有了明显的曲线变化，木楼的外立面由此打破了单一的直线直角，出现了曲折玲珑的檐角，可见这两层抱厦的形制是飞云楼夺人眼球的关键；最上一层是十字歇山屋顶。

全楼 345 组铺作密集排列，有 4 层屋檐、12 个三角形屋顶侧面、32 个檐角，转角铺作宛若盛开的花瓣。各檐翼角翘起，势欲飞翔。楼顶饰有黄、绿、蓝彩色琉璃瓦，阳光之下，更显富丽堂皇。因为飞云楼壮丽无比，喧宾夺主，它的大名几乎替代了东岳庙，人们只知飞云楼，而不知东岳庙。庙内的其他建筑也因此黯然失色。

东岳庙的午门面阔七间，进深六椽，单檐歇山顶，梁架具有元代风格。献殿面宽七间，进深六椽，单檐硬山顶。为了使明间的空间开敞，明间的两根柱子外移。前后檐及中柱上有硕大的额木，是典型的元代建

万荣东岳庙大殿

筑风格。享亭建于明代正德年间，平面呈方形，十字歇山顶，四周有围栏，栏板上雕刻有流云纹和盘龙纹。享亭的藻井为多个方形和米字形组成，结构精巧。东岳大殿面阔五间，进深六椽，重檐歇山式，四周有回廊，前檐有一排盘龙石柱。

飞云楼结构巧妙，造型精美，外观壮丽，堪称我国木结构楼阁建筑之杰作，远胜于各地常见的钟鼓楼建筑，被誉为“中华第一木楼”。在山西的古代木构建筑中，飞云楼与应县木塔南北呼应，有“南楼北塔”之誉，在古代建筑史上具有重要地位。

随着《黑神话：悟空》的全球性爆火，作为游戏取景地之一的解州关帝庙也迎来又一波“天命人”的打卡高峰。关帝庙被誉为“天下武庙之冠”，其庙内的鸱吻、戗柱、石雕等传统中国文化元素都能在游戏中看到相应的呈现。

解州关帝庙·运城

解州关帝庙位于运城市盐湖区解州镇五一路。

通关文牒

今有旅客________于____年____月
游访至解州关帝庙，请赐贵印，照牒施行。

主要看点

庙内的御书楼坐落于较高的台基之上，三层飞起的翼角和前面抱厦上的翼角为这座楼阁式建筑带来了灵动欲飞的效果；崇宁殿四周的石栏板有数以百计的浮雕；春秋楼建筑结构奇特，“悬梁吊柱”的方法在大型建筑实物中极为少见；春秋楼二楼的藻井形制奇特，是古建筑中的孤例。

解州关帝庙始建于隋初（公元589年），现存主体建筑建于清代。庙宇坐北朝南，布局沿袭了前朝后寝的宫廷式布局，占地达7.3万平方米，是我国现存创建最早、规模最大、布局最全的关帝庙。庙区从南至北主要由结义园、主庙区和后花园三部分组成。

主庙区坐北朝南，整体呈长方形。采用中轴线对称布局，由南向北

解州关帝庙鸟瞰

依次有璃琉影壁、端门、雉门、午门、“山海钟灵”木牌坊、御书楼、崇宁殿、“气肃千秋”木牌坊、春秋楼、厚载门等建筑。

中国古代皇城的南门多称为端门，关帝庙的第一道门称为端门，牌楼式建筑，整体砖砌，歇山顶，檐下有仿木斗拱。按照古代皇宫的规制，关帝庙的第二道门为雉门，单檐歇山顶，建于台基之上，其背后出抱厦三间，可作戏台。在中国的传统方位中，正北称“子”，正南称“午”。明清皇宫的正南门称为午门，关帝庙的第三道门叫午门，建于高台之上，面宽五间，进深六椽，单檐庑殿顶。午门通道两侧，前后台边有石栏围护，石栏由望柱和栏板组成。望柱的柱头雕刻狮子、猴子、桃子、石榴等图案，栩栩如生。栏板的图案有“二龙戏珠”“丹凤朝阳”“松鹤同春”“马到成功”“犀牛望月”等吉祥题材。

在“山海钟灵”木牌楼之后，有一座宏伟的建筑——御书楼，原名“八卦楼”。康熙皇帝曾到此拜谒关帝庙，在八卦楼内御书“义炳乾坤”四

解州关帝庙午门

解州关帝庙御书楼

字。乾隆年间，将“义炳乾坤”御匾移置崇宁殿悬挂，把八卦楼改称“御书楼”，以纪念康熙皇帝在此御书匾额。御书楼为二层三檐四面滴水歇山式，整座建筑坐落于较高的台基之上，三层飞起的翼角和前面抱厦上的翼角为这座楼阁式建筑带来了灵动欲飞的效果。四周设有石雕围栏，由 30 根望柱和 28 块栏板组成。望柱的柱头雕刻有狮子、猴子、仙鹤、童子、仙桃、金瓜等，造型生动。栏板上的图案为高浮雕，雕刻有荷花、牡丹、麒麟、兔子等植物、动物图案，还有“加官进爵”“封侯挂印”“青云直上”“富贵安康”等人物组图。

解州关帝庙崇宁殿

御书楼内的八卦藻井高悬，藻井的井口为方形，井底为八角形，底心雕刻“二龙戏珠”图案。藻井设计别致，一层屋顶的中心以八边形围成一个天窗，游客透过天窗正好看见上层的藻井，一层的天窗似乎成为藻井井口的组成部分。

关帝庙的主殿是崇宁殿，因宋徽宗崇宁年间封关羽为“崇宁真君”而得名。崇宁殿面阔七间，进深六间，重檐歇山顶。殿周回廊有许多雕龙石柱，盘龙姿态各异。大殿四周的石栏板上有数以百计的浮雕，十分壮观。大殿檐下悬挂着清乾隆帝书写的“神勇”巨匾，门楣上悬挂着咸丰帝书写的“万世人极”匾，殿内关帝神龛上悬挂着康熙帝书写的“义炳乾坤”匾。清代三位皇帝为关帝庙题写匾额，可见当时朝廷的重视程度。

关帝庙后宫的建筑以“气肃千秋”坊、春秋楼为中心，左右有刀楼、印楼对称而立。春秋楼又名麟经阁，为庙内最高大的建筑，通高约23.4米，

解州关帝庙春秋楼“悬梁吊柱”

解州关帝庙春秋楼藻井

建于明万历初，现存建筑为清同治九年（公元1870年）重构。面阔七间，进深八椽，二层三檐歇山顶。建筑结构奇特，上层回廊的廊柱悬空，廊柱的柱头雕成垂莲，原本应该承重的廊柱因为悬空形成“吊柱”，承重

解州关帝庙崇宁殿前的焚表炉

主要靠下层的大梁，这种建筑手法称为“悬梁吊柱”，常见于小木作神龛，大型建筑实物中极为少见。

春秋楼二楼屋顶上有三眼藻井，中间的一个藻井是凹进去的，两旁的是凸出来的，由数百个榫卯结构环环相扣形成，据说是用了八年的时间雕凿而成。两侧凸出来的藻井昂嘴四周悬空，靠中间的雷公柱来支撑。藻井的昂嘴分为上下七层，每层的昂嘴数量由下往上逐渐增加，最上的一层加到 11 个昂嘴，整个藻井犹如一束盛开的花朵垂于梁架间，精巧华丽，这在我国古代藻井建筑中是孤例。

在关帝庙中分布着诸多铁艺，如铁人、铁狮子、铁旗杆。焚表炉更是关帝庙中铁铸器物的精华，现存两座，位于崇宁殿前。两座铁炉均铸造于明嘉靖年间，总高近 9 米，结构、造型一致。铁炉由基座、炉身、重檐攒尖顶的炉顶、刹顶四部分组成，重檐的炉顶为仿木构楼阁，铁炉是楼阁和塔的混合形制。铁炉上雕有龙、凤、狮子、奔马、力士、花卉、莲瓣等精美图案。这两座焚表炉设计别致，铸造工艺精湛，体现了明代晋南地区铁铸技艺的高超水平。

关公在道教、儒教、佛教均被奉为尊神，是中国传统文化的独特现象。关公的忠义精神已深入人心，解州关帝庙作为关公文化的发源地，对于弘扬和传承忠义文化具有重要意义。

解州关帝庙的“关公信俗”已被公布为国家级非物质文化遗产，这不仅是对关帝庙文化价值的认可，也是对传统文化保护和传承的重要举措。

正所谓“众仙朝元，满壁风动”。看壁画就要到永乐宫看《朝元图》。永乐宫内的丰富壁画元素，被《黑神话：悟空》多处巧妙借鉴到了游戏当中。尤其是三清殿殿内的《朝元图》，共绘天神 286 个，画面色彩丰富、线条流畅、神态生动，是与莫高窟壁画齐名的艺术瑰宝。

永乐宫·运城

永乐宫位于运城市芮城县城北龙泉村东。

今有旅客 ________ 于 ____ 年 ____ 月

游访至永乐宫，请赐贵印，照牒施行。

主要看点

三清殿壁画《朝元图》中的神像的袍服、衣带上的细长线条，多是用刚劲而流畅的线条一笔画出，达到了中国传统绘画中线描的最高水平；纯阳殿壁画中描绘的各种人物的服饰、装束，使用的器皿、设施等，都是极有价值的图文资料；重阳殿连环壁画《重阳祖师画传》，是一幅幅鲜活的元代社会生活缩影。

永乐宫是我国现存最早、规模最大、保存最完整的元代全真教祖庭，创建于元代定宗贵由二年（公元1247年），供奉全真教祖师吕洞宾。因原来建于芮城县黄河岸边的永乐镇，故习惯称为“永乐宫”。20世纪50年代末，因修建三门峡水库，永乐宫整体搬迁至县城北的龙泉村。

现存建筑群坐北朝南，四进院落，在中轴线上依次排列有宫门、龙

永乐宫龙虎殿

虎殿、三清殿、纯阳殿、重阳殿五座建筑，宫门为明代所建，其余皆为元代遗构。

龙虎殿又称无极门，为元代的宫门。面阔五间，进深六椽，单檐庑殿顶。因前槽东西两梢间原塑有青龙、白虎两星君，故称龙虎殿。殿内东西梢间绘有壁画 80 平方米，内容为神荼、郁垒、天丁、力士等神祇。根据殿内的题记，龙虎殿的建造者是少府监梓匠翼城县人朱宝与其子朱光，龙虎殿出自宫廷少府监梓匠之手，是国内不多见的元代宫殿风格建筑。

三清殿因供奉三清（元始天尊、灵宝天尊、道德天尊）而名，是永乐宫最主要的一座殿宇。该殿面阔七间，进深八椽，单檐庑殿顶，矗立在一个高大的台基上，巍峨壮丽。明间、东西次间、东西梢间都有门，共计 20 扇门。檐下有阑额和普拍枋，阑额与拱眼壁上有木雕祥龙。明间、东西次间、东西梢间都设补间铺作两朵，东西尽间各有补间铺作一朵，

永乐宫三清殿

檐下共有 20 朵铺作，均为六铺作单杪双下昂，十分壮观。作为永乐宫的主体建筑，三清殿体量最大，不但是《朝元图》壁画的载体，而且也是永乐宫整个建筑群的灵魂所在。屋脊上镶有黄、绿、蓝三彩琉璃，两只龙吻高达 3 米。这些琉璃制品虽历数百年，釉色仍鲜艳夺目，体现了元代山西琉璃工艺的卓越水平。三清殿的五彩脊身，还开创了古代建筑堆花筒脊之先河。

为了使空间开敞、视野开阔，三清殿内平面布局采用了减柱法，仅在后半部安排了 8 根柱子，其他柱子都减去。这 8 根柱子又巧妙地形成三清塑像的神龛，柱子上有一排五铺作斗拱，形成了殿中殿的效果。大殿屋顶有 7 个藻井，藻井的位置分布在前部（3 个藻井，尺寸最大、最华丽）、中部（3 个藻井，尺寸和华丽程度次于前部）、后部（1 个较小的藻井）。藻井的布置，起到了强化室内空间的作用。

永乐宫三清殿内的梁架，形成了殿中殿的效果

永乐宫三清殿《朝元图》奉宝玉女
摄影 / 王俊彦

三清殿内有中国古代最大画幅的壁画《朝元图》，完成于元泰定二年（公元1325年），通长近百米，高4.4米，绘制了道教290位天神地祇朝拜元始天尊的盛大场景。《朝元图》是永乐宫壁画的重中之重，整幅作品构图宏伟、气势磅礴、笔法生动，设色富丽堂皇，代表了中国古代壁画的最高成就，在世界绘画史上占有重要的地位。

三清殿西壁画面中的金母端坐于凤椅之上，椅背两端的凤头姿态优美。金母仪态端庄，头戴凤冠，冠前嵌坤卦符号，头顶有华盖，两后侧有宝扇。金母元君右侧的奉宝玉女头戴蝴蝶式花冠，五官的立体感很强，嘴角上扬，眉毛呈八字形。她上身着广袖衫，宽衣博带，下身穿长裙。衣服上的线条疏密有致，土黄色的衣裙，蓝色的衣领，绿色的飘带，饰以沥粉贴金的发饰，显得华丽富贵。玉女手中的托盘中是一个博山炉，画家通过沥粉贴金的手法使博山炉由平面变为立体。

在《朝元图》中有一组太乙神像，穿蓝袍的太乙真君在画面上最抢眼，他身体略向前倾，头部微垂，手持笏板，一副谦恭的形象。在太乙神群像后上方是一组八卦神像，他们的冠前都嵌一个有八卦图案。

中国当代著名戏剧家马少波先生赞誉三清殿壁画：“永乐三清铁画

永乐宫三清殿《朝元图》太乙神像 摄影 / 王俊彦

永乐宫三清殿《朝元图》
细部胡须铁线描笔法

钩，曹衣吴带兼刚柔。唐宋遗风满壁是，堪称天下第一流。”

中国现代文学家、考古学家郑振铎称赞《朝元图》：“大规模的汉宫威仪展览，大组织的人物画汇集。”

纯阳殿为永乐宫的第二大殿，是供奉吕洞宾的殿堂。面阔五间，进深六椽，单檐歇山顶。檐下铺作为六铺作单杪双下昂，明间、次间的补间铺作为两朵，梢间的补间铺作为一朵。两山墙的补间铺作，中间两朵、南间三朵、北间一朵。空间布局由前向后逐渐缩小，为平面布局中的罕见之例。殿内也使用了减柱法，只在明间安排了四根金柱，空间宽敞。

纯阳殿内的壁画，绘制了吕洞宾从诞生起至“得道成仙”“普渡众生”“游戏人间”的连环画故事。殿内的《谈道图》，人物描绘极为成功，神态细腻，是一幅十分珍贵的壁画。《谈道图》高 3.7 米、宽 4.6 米，全图以自然场景为背景，古松挺立，清泉飞流，奇峰在望。钟离权、吕洞宾师徒二人对坐于山岩前，吕洞宾儒生装扮，身着白衣，面部平和，

永乐宫纯阳殿《谈道图》
摄影 / 王俊彦

双手隐于袖中，正静心倾听。钟离权一派洒脱模样，道袍半开，袒胸露腹，正一腿下垂，一腿半屈，坐于石上，其胸前飘飘的长髯和随意的坐姿，都透露出一股豪放之气，与吕洞宾的矜持形成鲜明的对比。钟离权、吕洞宾二人衣服上的衣纹画法，采用了钉头与铁线相结合的笔法，在线条上强调顿挫转折。纯阳殿壁画中描绘的各种人物的服饰、装束，使用的器皿、设施，居住的亭台楼榭，出入的酒肆茶社等，都是极有价值的图文资料。

纯阳殿南壁东侧的《斋供图》，画面上人物的瞬间动作被画家定格呈现出来，极具生活场景的真实感。因为地面不平，右下角的童子手中拿着一个三角形的木楔子，正在往桌腿下面塞垫；他身后的道童用纸捻子捅鼻子，作欲打喷嚏状；他对面的黄衣道童，正在用水果刀削皮；画面最下方是一位双手捧着几卷画轴的童子。这几个人物衣服上衣纹的画法，也采用了钉头与铁线相结合的笔法。

永乐宫纯阳殿南壁东侧《斋供图》
摄影 / 王俊彦

重阳殿，因供奉全真教的创始人王重阳而名。面阔五间，进深六椽，单檐歇山顶。殿内东、北、西三面绘有《重阳祖师画传》。壁画用连环画形式描述了王重阳从降生到得道、度化“七真人”成道的故事。这些连环壁画几乎是一幅幅鲜活的古代社会生活缩影。平民百姓的打扮、煮饭、种田、打鱼、砍柴、采药，王公贵族、达官贵人的宫中朝拜、君臣礼仪，道士设坛、念经等各种动态，都十分形象地反映在画面上。

重阳殿东壁壁画《沃雪朝元》，呈现了重阳祖师游宁海的故事。右边的画面是《沃水成雪》。一座重檐殿宇建于高台之上，上檐屋脊上有鸱吻等装饰，檐下的斗拱依稀可见。墙上开两扇门，左右设直棂窗。房子周围有绿树翠竹。右下方有七人，身穿绿袍的祖师站立于院中，右手执碗，左手托雪。盛夏时节，祖师将手中的水变成了雪，对面身着绿袍的男子做出震惊状，另一个身着白袍的男子面朝重阳祖师正躬身。祖师身后还有四人，一人身穿黄袍，一人身穿绿袍，手中拄杖，一人身穿土红色袍服，还有一个小道童，头上梳着双髻。

永乐宫建筑群规模宏大，是元代官式建筑的代表，在我国建筑史上具有重要的地位。

永乐宫壁画呈现了完整的道教神祇体系，在道教艺术史上具有重要价值。

永乐宫壁画为中国古代壁画的集大成者，壁画的线条十分优美，刚劲而流畅，继承了唐、宋盛行的吴道子“吴带当风”的传统，达到了中国传统绘画中线描的最高水平。

永乐宫重阳殿东壁《沃雪朝元》 摄影 / 王俊彦

因王之涣一首诗而闻名千古的鹳雀楼，最近又因成为《黑神话：悟空》游戏的取景地小火了一把。作为“四大名楼”之一，这里不仅是人们登高远望之处，更是人们感受盛唐诗韵之地。

鹳雀楼·运城

鹳雀楼位于永济市的黄河之滨。

通关文牒

今有旅客________于____年____月

游访至鹳雀楼，请赐贵印，照牒施行。

主要看点

“白日依山尽，黄河入海流。欲穷千里目，更上一层楼。”盛唐诗人王之涣的这首《登鹳雀楼》，被誉为“千古绝唱”。好多人都品味过诗中所描绘的壮阔意境，但只有到晋南登临著名的鹳雀楼，身临其境，才能更好地体会王之涣诗作的绝妙之处。现在的鹳雀楼虽然是在2002年新建的仿唐建筑，但因为鹳雀楼在我国历史上有很高的知名度，千百年来依然吸引了各地游客前往观瞻。

鹳雀楼原在黄河河心洲上

古鹳雀楼位于山西省西南部蒲州城西黄河之中的河心洲上，始建于北周时期，后因河流冲没，改蒲州城角楼名为鹳雀楼，历经隋、唐、五

鹳雀楼夕照 摄影 / 陈春明

代、宋、金 600 余年，金元之际（公元 1222 年）毁于战火。2002 年重修于黄河之滨。

作为中国古代四大名楼（其他三座为黄鹤楼、岳阳楼、滕王阁）之一，鹳雀楼在建造之初并不是用来观赏风景的。公元 6 世纪前后，蒲州城的战略位置十分重要，地处黄河与中条山、华山的交汇要冲，向南威慑潼关天险，在长安和洛阳 800 多里的通道上占据扼要之位。失去河东，西面的关陕地区和东面的河洛地区都有兵临城下的危险。北魏时，曾在这里设置过雍州、秦州。公元 537 年，东魏在与西魏的战争中失败，西魏的势力进入河东地区，控制了战略要地秦州。后来取代西魏的北周（公元 557—581 年），对秦州更是格外重视，在北周统治初年，即公元 558 年，改秦州为蒲州，蒲州一名由此而来。为了重点经营河东地区，北周政权的实控者宇文护任命儿子宇文训为蒲州刺史，鹳雀楼就是在这时兴建的。据《北史·崔弘度传》记载："时（宇文）护子中山公训为蒲州刺史，令弘度从焉。尝与训登楼，至上层，去地四五丈，俯临之。训曰：‘可畏也！’弘度曰：‘此何足畏？’欻然掷下，至地无所损，训大奇之。”宇文训与崔弘度所登的高楼即鹳雀楼，楼高三层（宋代沈括在《梦溪笔谈》中说道：“河中府鹳雀楼三层，前瞻中条，下瞰大河。唐人留诗者甚多。”），约 15 米。鹳雀楼建在蒲州城西黄河中的河心洲上，因为河心洲地势高峻，当时在河心洲上建有中潬城，建于其上的鹳雀楼巍峨壮观，具有“遐标碧空”“迥临飞鸟上”的高度。

当时修建的高楼纯粹是为了军事用途，既可以镇守通往河西的黄河浮桥，也有向北面的北齐宣示武力的意图。这座位于黄河河心洲上的高楼建好后，常常有河滩上的鹳雀到楼上栖息，人们便把这座高楼称为鹳雀楼。

明末顾炎武有诗作《蒲州西门外铁牛》：“唐代浮梁处，遗牛制尚新。一朝移岸谷，千载困风尘。失水鼋鼍没，依城鹳雀邻。应无丞相问，傥与牧童亲。世变形容老，年深战伐频。无穷怀古意，舍尔适西秦。”诗句中夹注：“旧有鹳雀楼，在城西南黄河中高阜处，时有鹳雀栖其上，遂名。后为河流冲没，即城角楼名之，以存其迹。”

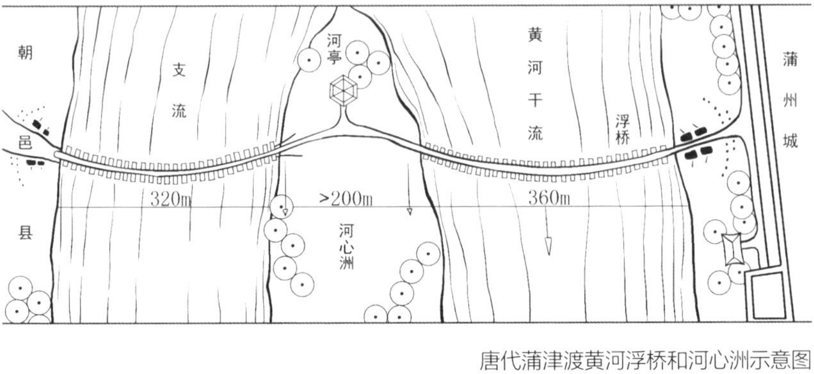

唐代蒲津渡黄河浮桥和河心洲示意图

鹳雀楼近景

唐代的鹳雀楼

唐代李瀚《河中鹳雀楼集序》说到唐代鹳雀楼的盛况："后周大冢宰宇文护，军镇河外之地，筑为层楼，遐标碧空，影倒横流，二百余载，独立乎中州，以其佳气在下，代为胜概。四方俊秀有登者，悠然远心，如思龙门，如望昆仑。"唐代的蒲州城是一座繁华的军事重镇、文化之都，由蒲州通往长安的黄河上，架设着浮桥，黄河两岸有八只铁牛守护着浮桥，浮桥上东来西往的行旅熙熙攘攘、车水马龙。蒲州城西的鹳雀楼雄伟壮观，居河山之胜，前瞻中条，下瞰大河，西望华山，故而吸引了众多文人墨客前来观览题咏。因为歌咏鹳雀楼的作品很多，当时还专门出版了一本诗集——《河中鹳雀楼集》。在唐代歌咏鹳雀楼的诗作中，以王之涣、畅当、李益三人的诗最为有名。畅当的《登鹳雀楼》："迥临飞鸟上，高出世尘间。天势围平野，河流入断山。"李益的《登鹳雀楼》：

“鹳雀楼西百尺樯，汀洲云树共茫茫。汉家箫鼓空流水，魏国山河半夕阳。事去千年犹恨速，愁来一日即为长。风烟并起思乡望，远目非春亦自伤。”而王之涣的《登鹳雀楼》名气最大。

王之涣与鹳雀楼

王之涣的这首诗写出了诗人在登高望远中表现出不凡的胸襟抱负，寥寥数字，山河如画，虚实相兼，眼前之景与意中之景相融，大海在望，气势万里，具有典型的盛唐气象。在千载之后读之，犹如临其地，如见其景。“欲穷千里目，更上一层楼。”在写景中揭示出“登高才能望远”的真理，富有哲理，发人深思，因而成为千古绝唱。

诗因名楼而作，楼因名诗而传，人因佳作不朽。没有王之涣的这首《登鹳雀楼》，就没有鹳雀楼一千多年来如此高的知名度。可以说，一首名诗成就了一座名楼，也可以说，一座名楼成就了一首名诗，正因为鹳雀楼居河山之胜：近瞻中条、远望华山、俯临黄河，王之涣在这风景如画的高楼上把他的诗歌创作提到了新高度，他的《登鹳雀楼》一诗也代表了唐诗的高度——以一座名楼代表中原河山。在王之涣之后，鹳雀楼就与这首千古绝唱化为永恒的文化符号，化为中原河山的代表。宋代著名爱国诗人陆游的《杂感》：“一樽易致葡萄酒，万里难逢鹳雀楼。何日群胡遗种尽，关河形胜得重游？”南宋时鹳雀楼所在的河东地区为金人占领，爱国诗人陆游对朝廷迟迟不能收复中原愤愤不平，他的这首诗表达了强烈的爱国情怀，在陆游的诗中鹳雀楼则成为中原地区大好河山的代表。

王之涣的故事

王之涣出生于绛州（今山西新绛县）。他的五世祖王隆之为北魏绛

晨雾中的鹳雀楼 摄影 / 陈春明

州刺史，王家从太原移家绛州。他的曾祖父王信担任过安邑县令，他的父亲王昱当过河南浚仪县令。开元十四年（公元 726 年），由于遭人诬陷，王之涣辞去冀州衡水主簿一职。15 年后又担任过河北文安县尉一职。王之涣以善于描写边塞风光著称，其代表作《凉州词》《登鹳雀楼》家喻户晓，妇孺皆知。王之涣性格豪放，常击剑悲歌，其诗作多被当时的乐工谱曲传唱，名噪一时。王之涣常与高适、王昌龄等人相唱和。唐代文人薛用弱在《集异记》中记载了一则三人比诗的故事。有一天，三位诗人到酒楼小饮，恰逢有梨园掌管乐曲的官员率十余弟子登楼表演。三位诗人围着小火炉，看她们表演。一会儿，有四位漂亮的梨园女子登楼演奏，王昌龄说："我们三个在诗坛上都有名气，一直未能分个高低。今天算是有个机会，可以悄悄听这些歌女们唱歌，谁的诗入歌词多，谁就最优秀。"一位歌女首先唱道："寒雨连江夜入吴，平明送客楚山孤。洛阳亲友如相问，一片冰心在玉壶。"王昌龄就用手指在墙壁上画一道："我的一首绝句。"随后另一歌女唱道："开箧泪沾臆，见君前日书。夜台何寂寞，犹是子云居。"高适伸手画一道："我的一首绝句。"又一歌女出场：“奉帚平明金殿开，暂将团扇共徘徊。玉颜不及寒鸦色，犹带昭阳日影来。”王昌龄又画一道，说道：“两首绝句。”王之涣说：“这几个姑娘所唱不过是下里巴人之类不入流的歌曲，那阳春白雪之类的高雅之曲，岂是她们唱得了的呢？”他用手指着歌女中最漂亮、最出色的一个说：“到这个姑娘唱的时候，如果不是我的诗，我这辈子就不和你们争高下了。如果是我的诗，二位就尊我为师好了。”一会儿，轮到那个最漂亮的姑娘唱了，她唱道：“黄河远上白云间，一片孤城万仞山。羌笛何须怨杨柳，春风不度玉门关。”这是王之涣的《凉州词》，他得意至极。

鹳雀楼的替身

鹳雀楼在金元之际毁于战火。50年后，元代著名诗人王恽来到蒲州，慕名拜谒鹳雀楼遗迹，写了一篇《登鹳雀楼记》，不过，他所登的是鹳雀楼的遗址。他在文章中写道：“……于是俯洪河，面太华，揖首阳。虽杰观委地，昔人已非，而河山之伟，云烟之胜，不殊于往古矣。”他认为，虽然没有了鹳雀楼，但这里依然具有“河山之伟，云烟之胜”。明初，鹳雀楼的旧址尚存，后来因为黄河河道东西摆动，遗址也难觅踪影。因为鹳雀楼的名气大，明清两代，人们权且把蒲州城的西城楼当作鹳雀楼，西城楼上赫然悬挂着“鹳雀楼”的匾额。登楼观景赋诗者，数百年间络绎不绝。清初尚有诗人写道：“河山偏只爱人游，长挽羲轮泛夕流。千里穷目诗句好，至今日影到西楼。”清代乔光烈的《河中怀古》：“无复题诗鹳雀楼，空将旧事说秦州。山河不改千年色，战伐频看异代愁。祷罢祥符沉璧马，铸残天宝剩金牛。于今禹甸归清宴，父老中蒲乐未休。”可见作为一处著名的人文景观，鹳雀楼已与河东大地、黄河、中条山、盛唐名诗融为一体，它已不只是一座古建筑，而是作为一个文化符号深

鹳雀楼雪景 摄影 / 陈春明

入人心。在我国建筑史上，为一座古建筑找替身，鹳雀楼恐怕是唯一的。到了 20 世纪的抗日战争时期，蒲州城的西楼被侵华日军的飞机炸毁，人们聊以寄托情志的鹳雀楼替代物也荡然无存。

鹳雀楼——一个永恒的文化符号

作为一个著名的文化符号，作为一处影响千年的文化景观，在鹳雀楼被焚毁近 800 年之后，重修名楼一事终于被提上议事日程。重修工作始于 1997 年，2002 年竣工。重修的鹳雀楼距离黄河 1000 米左右。新建的鹳雀楼为仿唐形制，四檐三层，内分六层，总高 73.9 米，总建筑面积 33000 多平方米，成为人们感受盛唐文明、领略河东大地河山之胜、体会“欲穷千里目，更上一层楼”意境的游览胜地。

耸立在黄河之滨的鹳雀楼，是对中华河山的守望，是对盛唐文明的回望，是对唐诗和以王之涣为代表的唐代诗人的致敬！

第四章

晋东南线

高平铁佛天下惊

西溪幽境建仙宫

玉皇星宿照苍穹

在《黑神话：悟空》小西天的游戏章节里，天命人从一处狭窄的甬道穿过，两边石壁上全是各式各样的菩萨罗汉造像，琳琅满目，那视觉画面美得不像话。但实际当你站在长治观音堂内，亲眼看到这美轮美奂的极乐世界，就会感觉游戏里的场景简直像是直接从这搬过去的。

观音堂·长治

观音堂位于长治市区西北的梁家庄村东。

通关文牒

今有旅客 ________ 于 ____ 年 ____ 月

游访至观音堂，请赐贵印，照牒施行。

主要看点

为了充分利用观音殿内的空间，巧妙地利用大梁和平梁之间的高差，塑出金碧辉煌的楼阁；殿内的罗汉塑像极具个性，艺术价值极高；观音殿的悬塑作品人物众多，刻画细腻，是明代悬塑中的精品。

观音堂建于明万历十年（公元1582年），现存建筑有天王殿、观音殿、南北配殿、钟鼓楼等。观音殿是寺内的正殿，为明代原构，其余建筑为清代所建。观音殿面阔三间，进深四椽，单檐悬山顶，前檐出卷棚抱厦。

殿内的主像为观音、文殊、普贤三大士，周围有十八罗汉环绕，罗汉塑像不同于一般寺庙中的罗汉形象，他们的面部表情更具有生活气息。南壁左边第一尊是睡罗汉，双目微闭，嘴角上扬，头侧依在右手之上，

观音堂观音殿

观音堂观音殿自在观音彩塑

观音堂观音殿北壁第一层彩塑挖耳罗汉、辩经罗汉

睡姿优美；左边第二尊是弥勒罗汉，满面红光，大肚凸起，龙女笑吟吟地搀着他；第五尊是降龙罗汉，双目圆睁，直视窗户顶部的一条飞龙。

殿内彩塑从下至上分为四层，依次为十八罗汉、二十四诸天、十二圆觉菩萨、道教和儒家人物，每层以翻卷的流云和火焰纹饰间隔。十二位圆觉菩萨以不同的姿势坐在瑞兽背部的莲花座上。

观音堂观音殿北壁第二层悬塑后羿

观音堂观音殿南壁第三层悬塑十二圆觉局部

殿内的墙壁上、梁架间都布满悬塑作品，在有限的三间殿堂之内，竟然布置了约 500 尊塑像。为了充分利用殿内的空间，巧妙地利用大梁和平梁之间的高差，塑出金碧辉煌的楼阁，数十位佛像端坐其中。殿内不仅有佛教塑像，中国民间崇拜的各路神仙应有尽有，如玉皇、王母、八仙、老子、孔子等，儒、释、道三教在这里共融于一堂。殿内的悬塑作品人物众多，刻画细腻，姿态各异，生动传神，堪称明代悬塑中的精品。

观音堂观音殿北壁第四层西段悬塑土木之变

观音堂观音殿彩塑石猴降生

“十殿阎罗不敢收，从此江湖任我游。”《黑神话：悟空》美术总监杨奇曾在个人微博中这样写道：“崇庆寺的十殿阎罗、铁佛寺的二十四诸天、玉皇庙的二十八星宿，此行总算是圆了念想，顺利收工。”

而《黑神话：悟空》中“十殿阎罗”（十帝阎君）的取景地正是山西长治的崇庆寺。到底是怎样的美景让游戏制作人都赞不绝口呢？

崇庆寺·长治

崇庆寺位于长治市长子县东南20千米处的紫云山腰。

今有旅客________于____年____月
游访至崇庆寺，请赐贵印，照牒施行。

主要看点

主殿千佛殿是宋代小型寺庙建筑的代表；西配殿的十八罗汉坐像是崇庆寺内艺术价值最高的宋代彩塑，也是国内现存宋代罗汉塑像中唯一有确切年代的作品。

寺院坐北朝南，一进院布局。中轴线上现有天王殿、千佛殿，大士殿和卧佛殿左右相对，西北隅有垛殿地藏殿，西南隅为孤独长者殿，东南隅为关帝殿。主殿千佛殿建于北宋大中祥符九年（公元1016年），面阔三间，进深六椽，单檐歇山顶。四个角柱稍高，形成翼角飞起，使屋顶的荷重向中心聚集。檐下柱间有阑额、普拍枋，阑额、普拍枋都不出头。柱头为五铺作单杪单昂，昂为批竹昂，耍头为下昂形。千佛殿是宋代小型殿宇建筑的代表。殿内梁架上的构件大部分是宋代原构，两根

崇庆寺千佛殿

细柱子为后世所加。殿内佛坛上的一佛二菩萨、佛背后的倒座观音、二菩萨背后的观音立像和主像前的接引佛，虽然经过后代重妆，但塑像为宋代原作。东、西、北三面墙壁上原密布着大量的小佛像，千佛殿的名字即由此而来，现在只有西面的山墙上部保存 200 多尊。

西配殿称为大士殿，面阔三间，进深六椽，单檐悬山顶。大殿的梁架结构为四椽栿前压乳栿用三柱，

崇庆寺大士殿观音菩萨彩塑
摄影 / 王俊彦

殿内的梁架多是宋代原构。平梁交栌斗出头，四椽栿、乳栿之上皆立蜀柱，劄牵头置于乳栿的蜀柱上，劄牵尾插入四椽栿上的蜀柱，在结构上有特色。佛坛上有观音、文殊、普贤三位菩萨塑像，合称三大士。佛坛下有北宋元丰二年（公元 1079 年）的题记。

三大士塑像两侧是十八罗汉坐像，是艺术价值极高的宋代彩塑，也是国内现存宋代罗汉塑像中唯一有确切年代的作品。十八罗汉的塑像如真人大小，表情各异，皆具神韵，每尊塑像都是生动传神的艺术精品。中央美术学院的钱绍武教授认为，崇庆寺的十八罗汉塑像是“宋塑之冠”。

中央美术学院的任世民教授说：“梁刘不识崇庆寺，天下罗汉三堂半。”在崇庆寺的罗汉塑像被学术界发现之前，梁思成、刘海粟认为国内泥塑罗汉是“天下罗汉两堂半”。这两堂半罗汉指的是：苏州东山紫金庵一堂，济南长清灵岩寺一堂，苏州角直保圣寺的半堂。崇庆寺罗汉塑像的发现，在古代雕塑史上具有重大意义。

崇庆寺大士殿宋代十八罗汉塑像
抗辩罗汉 摄影 / 王俊彦

崇庆寺大士殿宋代十八罗汉塑像
降龙罗汉 摄影 / 王俊彦

《黑神话：悟空》游戏里象征天命人心中杀念的赤尻马猴，一路上对玩家阴魂不散。而这只马猴精身上那个丑怪的面具其实也大有来头，它的原型就是高平铁佛寺内的散脂大将造像。

铁佛寺·晋城

铁佛寺位于晋城高平市米山镇米西村中。

通关文牒

今有旅客________于____年____月

游访至铁佛寺，请赐贵印，照牒施行。

主要看点

铁佛殿的彩塑是中国古代彩塑艺苑中的奇葩，是我国明代雕塑艺术的珍品。殿内的二十四诸天面部表情夸张，极具个性，最引人注目的是以铁线为材料塑造出的须发、飘带、冠饰，体现出冶铁之乡古上党独有的雕塑艺术风格。

寺院修建于金大定二年（公元 1162 年），明、清屡有修缮、增建。寺院坐北朝南，单进院落，庙内现存 5 座建筑：天王殿、铁佛殿和东、西禅室以及铁佛殿西侧的耳殿。天王殿、铁佛殿为明代遗构，其余为清代遗构。

铁佛殿坐北朝南，面阔三间，进深六椽，单檐悬山顶。惊艳世界的塑像就在铁佛殿内。殿中央有方形佛坛，在佛坛上设须弥座，在须弥座束腰处有四尊托座力士塑像，力士造型夸张，双腿、双臂充满力感，《黑神话：悟空》游戏中的“四将”之一造型就源自铁佛殿的托座力士。

佛座上置两层仰莲平台，其上有释迦牟尼佛塑像，围绕佛坛的回形步道旁，东西两侧各设 12 尊高达 3 米的二十四诸天塑像。铁佛寺就因为殿内的二十四诸天塑像“以铁为骨，用铁造型”的核心塑造手法而闻名天下。铁佛殿的二十四诸天塑像与传统的“木架为骨，泥草为胎”的手法不同，每一尊塑像都运用了大量的铁线，呈现出绝妙的视觉效果。雕塑家充分利用铁线便于造型的有利条件，发挥材质优势，他们让铁线

铁佛寺铁佛殿须弥座托座力士
摄影 / 侯楠山

铁佛寺铁佛殿彩塑局部
摄影 / 厉春

尽情地弯曲，对雕塑的细节进行极致追求。翻卷飘逸的冠带、繁复的服饰图案、升腾如火焰般的头发，都给人梦幻般的感觉，如同永乐宫三清殿壁画《朝元图》中对线条的把控一样，铁佛殿的塑像也堪称“线条艺术的盛宴”，与一般的塑像相比，铁佛殿的塑像增添了空灵之气。诸天轮廓张扬，表情夸张，展现了雕塑家高超的技艺与想象力。中国雕塑协会会长曾成刚评价铁佛寺彩塑：“它能代表全中国，乃至全世界雕塑最高水平！”

在《黑神话：悟空》中，“四将”2 号的原型是铁佛殿东侧北起第

铁佛寺铁佛殿东侧北起第 8 尊塑像“菩提树神”
摄影 / 历春

铁佛寺铁佛殿西侧南起
第 10 尊塑像“多闻天王”
摄影 / 厉春

铁佛寺铁佛殿西侧南起
第 4 尊塑像“散脂大将”
摄影 / 厉春

8 尊塑像“菩提树神”。《黑神话：悟空》中“魔像”的原型是铁佛殿西侧南起第 10 尊塑像“多闻天王”。《黑神话：悟空》中的“赤尻马猴”腹部装饰头像的原型是铁佛殿西侧南起第 4 尊塑像“散脂大将”。《黑神话：悟空》中的“金刚”原型则是铁佛殿西侧南起第 1 尊塑像“崇宁真君”造型和新绛县福胜寺大殿扇面墙背后的明王造型的组合。

铁佛寺铁佛殿的彩塑在雕塑手法上大胆创新，因材而塑，充分利用铁线的材料特征，突破了传统的泥塑艺术，把雕塑技艺发展到一个新高度。

铁佛寺铁佛殿西侧南起
第 1 尊塑像“崇宁真君”
摄影 / 厉春

“不到西溪四十年，溪光林影想依然。”“忽见画图疑是梦，而今尘土浣毕颠。”陵川西溪之美，连《黑神话：悟空》的制作方都为之折服，早在游戏发行之前，就把参考西溪二仙庙的禅院景观放在了游戏宣传片里。松柏环映下，美轮美奂。

陵川西溪二仙庙·晋城

西溪二仙庙位于晋城市陵川县崇文镇西溪村。

今有旅客________于____年____月

游访至陵川西溪二仙庙，请赐贵印，照牒施行。

主要看点

后殿、东梳妆楼为金代遗构；东梳妆楼一层副阶周匝檐下的转角铺作较为特殊；东梳妆楼是金代楼阁式建筑中的佳作。

西溪二仙庙始建于唐代，宋崇宁年间加封“真泽宫”，金皇统二年（公元 1142 年）扩建，后历代皆有修葺。中轴线上依次有山门、拜亭、中殿、后殿，中殿至后殿之间的东西两侧建梳妆楼。现存的后殿、东梳妆楼为金代遗构，余下皆明清所建。金代文学家元好问曾在此留下七言绝句：“期岁之间一再来，青山无恙画屏开。出门依旧黄尘道，啼杀金衣唤不回。”

中殿内有三座木雕神龛，正龛五间，东龛、西龛各三间。正龛的中间三间在中柱又设一道龛门，构成内外双龛，内龛的两根柱子上雕刻栩栩如生的盘龙，檐部有四根垂柱；外龛檐部又分为里外两层，在正龛中

陵川西溪二仙庙中殿内景

陵川西溪二仙庙中殿神龛局部

间形成高低错落的三层檐部构件。内龛两根柱子上的盘龙为升龙，外龛两根垂莲柱上的盘龙为降龙，内外呼应。大量的垂莲柱和镂空的窗花使木雕神龛充满灵动之韵。三座神龛都制作精美，是清代的小木作精品。

后殿建于高台之上，面阔三间，进深六椽，单檐歇山顶。檐下铺作为五铺作双昂。后殿的梁架主体和铺作为金代遗构。屋顶上饰有琉璃脊兽，琉璃构件为明代作品，做工精细。

东西梳妆楼是二仙庙中最具代表性的建筑物，建于中殿与后殿的东西两侧。均为两层三檐歇山顶楼阁式建筑。东梳妆楼面阔三间，进深六椽，副阶周匝，平面呈方形。一层副阶周匝檐下的转角铺作较为特殊，栌斗之上，一侧是柱头枋出头作华拱，另一侧是枋上隐刻作泥道拱，这种形制在古建筑中少见。第二层出平座，四周有檐廊带勾栏。按照《营造法式》的规定，平座之下的铺作应该比上檐的铺作减少一跳或两跳，东梳妆楼却与之相反，上檐铺作为简洁的四铺作单杪，平座之下为五铺作双杪。东梳妆楼造型优美，是金代楼阁式建筑中的佳作。西梳妆楼虽经民国年间重修，但基本保留了金代楼阁建筑的形制。

陵川西溪二仙庙东梳妆楼

东梳妆楼一层副阶周匝檐下的转角铺作

晋城有两座二仙庙，有道是“西溪二仙庙看古建，晋城二仙庙看木作”，其中晋城二仙庙以木制装饰闻名，其中完全由木作搭建成的天宫楼阁和各种精美的木制佛龛都能在《黑神话：悟空》游戏中找到对应的布景。

晋城二仙庙·晋城

晋城二仙庙位于晋城泽州县小南村。

今有旅客________于____年____月

游访至晋城二仙庙，请赐贵印，照牒施行。

主要看点

正殿内的“天宫楼阁”，是中国建筑史上已知最早的“天宫楼阁”建筑，是宋代小木作的精品；“天宫楼阁”中的八铺作双杪三下昂，是唐宋时期古建筑中使用铺作数量最多的铺作；殿内的宋代彩塑艺术价值很高。

庙宇坐北朝南，两进院落。中轴线上从南至北为戏台、中门、过厅、香亭、正殿。两侧分别是东西配房、东西厢房、东西掖门、东西廊房、东西耳房。正殿是宋代建筑，殿内有崇宁五年（公元 1106 年）的题记。其余为明清建筑。正殿面阔三间，进深四椽，单檐歇山顶。檐下阑额不出头，普拍枋出头。檐下铺作为五铺作单杪单昂，第一跳计心，昂形耍头。

殿内的神龛平面呈“凹”形，由两座主龛、两座侧龛及连接两座侧

晋城二仙庙正殿内的天宫楼阁

龛的跨空拱形廊桥五部分构成。侧龛位于主龛前面，由两侧对称的二层单开间楼阁与跨空拱形廊桥组成。侧龛楼阁平面四柱歇山顶，二层出平座，平座上的殿宇施双杪三下昂的八铺作斗拱。拱形廊桥连接两侧的一层屋脊，桥面设勾栏，两端与两侧龛的平座勾栏相接。桥上设有游廊，居中凸起建歇山顶殿宇一座，这座殿宇位置最高，也使用了双杪三下昂的八铺作斗拱。这样，形成“桥上庙，庙上桥”的“天宫楼阁”效果。

“天宫楼阁”中的八铺作双杪三下昂，是唐宋时期古建筑中使用铺作数量最多的铺作，该建筑是宋代小木作的精品，是中国建筑史上已知最早的“天宫楼阁”建筑。

晋城二仙庙正殿“天宫楼阁”中的八铺作斗拱

二仙庙正殿是一座有明确纪年的宋代建筑，殿内的小木作神龛和宋代塑像艺术价值极高，在我国古代建筑史上具有重要地位。

晋城二仙庙正殿宋代彩塑局部

还记得在游戏《黑神话：悟空》的第三回开头，一排神态各异的菩萨像中，其中一尊石像微微一晃变成我们小猴子本相的镜头吗？这一排菩萨像可大有来头，它们是山西玉皇庙中珍藏的元塑二十八星宿像，而小猴子所变化的正是二十八宿中的室火猪。

根据传统星相学，室火猪的出现表示“虚危室壁多风雨”，也暗示着小猴子即将面临的漫天风雪与步步危机，游戏是真懂传统文化的。同样，游戏里中人气最高的女性角色“亢金星君”的塑像也存放于玉皇庙中，其真实形象比游戏中更为狂放，令人过目不忘。

玉皇庙·晋城

玉皇庙位于晋城市区东北的泽州县府城村北。

今有旅客 ________ 于 ____ 年 ____ 月
游访至玉皇庙，请赐贵印，照牒施行。

主要看点

二十八宿殿有元代彩塑二十八宿，是古代雕塑艺术家把现实主义与浪漫主义完美结合的范例，为元代彩塑之冠；玉皇殿廊下两侧各有一幅大型壁画，线条流畅，用笔细腻。

庙宇坐北朝南，建筑布局为三进院落，现存主要建筑有成汤殿、玉皇殿、二十八宿殿、十二辰殿等。玉皇殿、成汤殿都建于金，后院左右垛殿和东西配庑建于元代至元元年(公元 1335 年)。

成汤殿供奉着商王成汤，面阔三间，进深四椽，单檐悬山顶。檐下铺作为四铺作单昂。补间铺作形制特殊，装饰性极强，应该是明清时期维修时所为。成汤殿的整体建筑保留着金代的风格，元代重修的痕迹明显（殿内使用不规整的粗大四椽栿）。也许是为了与粗大的石内柱相匹配，石柱上的坐斗为直径与柱子一致的圆形大坐斗，比较少见。根据大殿内东侧石柱上的题记，殿内后排两根石柱上雕刻的龙是元代至正十六年（公元 1356 年）在旧有石柱上所为，佐证了该殿建于金代。殿内有制作精美的二层神龛。

玉皇殿居于后院，面阔三间，进深六椽，单檐悬山顶。前檐带廊，廊柱的柱础为覆莲，檐下铺作为四铺作单昂。整体建筑结构严谨，保留着金代的风格。玉皇殿内的彩塑是宋金时期的作品，正中的主像为玉皇大帝，两侧的塑像除少数宰辅大臣外，其余皆为侍女，现保存有 50 多尊。玉皇殿廊下两侧各有一幅大型壁画，线条流畅，用笔细腻，当为金元时期的作品。

玉皇庙玉皇殿廊下的壁画西侧

二十八宿殿建于元代，是供奉二十八星神的殿堂。我国古代为了观测日月星辰的运行，将赤道附近的星座分成东、南、西、北四方各七组，叫二十八宿。唐初的五行学家袁天罡将二十八宿的每一宿按木、金、土、日、月、火、水的顺序与一种动物相配，创造出了二十八星宿神。殿内的二十八星宿塑像，既有写实性，又充分发挥浪漫的想象力，塑造出了二十八尊性别、年龄、表情、姿态各不相同的群仙形象。雕塑家把与星宿相配的动物作为星神手中的道具，塑造出生动传神的艺术形象。二十八星宿塑像中，带“水”字和“金”的基本上是女性形象，神态娴静，尽显女性的温柔，如箕水豹、轸水蚓、参水猿、娄金狗和鬼金羊等。二十八尊塑像，每尊都惟妙惟肖，或慈祥，或威猛，或沉稳，或张扬。

玉皇庙二十八星宿塑像“亢金龙”

玉皇庙二十八星宿塑像“室火猪”

可以看出，当时的雕塑家特别善于捕捉人物的瞬间神情，把每尊神仙最传神的瞬间定格，展示了极高的艺术造诣。以其中“亢金龙”为原型的角色就出现在《黑神话：悟空》中。

玉皇庙的建筑多为金元时期的遗构，庙内的彩塑也多为金元时期的作品，艺术价值颇高，尤其是二十八宿殿的二十八星宿彩塑最为精彩，是元代雕塑艺术的巅峰之作。

玉皇庙二十八星宿塑像“虚日鼠”

玉皇庙二十八星宿塑像“娄金狗”

半个月之前的2024年8月20日，国产3A游戏巨作《黑神话：悟空》面世，当天便在全球引发轰动。在游戏场景中，出现大量的中国古建筑画面，美轮美奂的殿堂楼阁、富丽堂皇的彩塑和壁画为游戏增色不少。游戏上线当天，中国古建筑火速出圈。紧接着，游戏场景中出现的数十处实景古建筑在现实中迎来“泼天的”客流。其中尤以山西临汾隰县小西天、晋城玉皇庙、晋城高平铁佛寺、大同浑源悬空寺、朔州应县木塔最为火爆。在《黑神话：悟空》的数十处古建筑取景地中，山西一省占比超过75%，让“山西国保”惊艳世界。随着“黑神话”在全网的话题置顶，形成了“人人争说黑神话，个个都想去山西”的盛况。游戏中的山西精彩古建筑画面一晃而过，这样的惊鸿一瞥已经让游戏玩家陶醉不已，现实中的山西古建筑更值得人们细细欣赏。全国游客纷纷出动，前往山西的游戏取景地打卡，“跟着悟空游山西”迅速成为山西文旅的主题宣传语，游客们急需一本“按图索骥”的主题游览图书，《跟着悟空游山西》呼之欲出。

我近几年行走于山西各地，考察了数以百计的山西古建筑，《黑神话：悟空》在山西取景的古建筑我几乎都考察过，短期内向游客奉上一本图文并茂、简明扼要的游览指南应该不成问题，经过老朋友武长虹的推荐，与北京颉腾文化公司董事长周中华先生迅速达成共识：快速反应，尽早向读者提供一本游览山西古建筑的主题图书。书稿完成之后，颉腾文化李兴等编辑审读和编辑，并为每一处的古建筑撰写了与《黑神话：

悟空》相关的开场词，为本书增色不少。书中的古建筑照片绝大部分是我近年考察时所拍摄，个别照片由相关单位和我的朋友提供，在书中都详细予以标注。

在本书出版之际，谨向武长虹先生、周中华先生和颉腾文化李兴等编辑人员，华龄出版社的领导及编辑人员，给本书提供部分照片的相关单位和朋友，致以衷心的感谢！

山西一地集中保存了全国 82% 的早期（从唐代到元代）古建筑，山西的木构建筑几乎撑起一部中国木构建筑史。到山西看古建，就如同进入一个纵跨千年的古建筑艺术博物馆。希望本书在大家游览山西古建筑时能提供较大的帮助。

李广洁

2024 年 9 月 6 日

跟着悟空游山西

全程路线

32 个精华取景点打卡　7 条精彩自驾路书

约 2200 公里沉浸之旅

晋北线

云冈石窟·大同，华严寺·大同，善化古寺·大同
永安禅寺·大同，悬空寺·大同，觉山寺塔·大同
应县木塔·朔州，崇福寺·朔州，石门悬棺·忻州
延庆寺·忻州，南禅寺·忻州，佛光寺·忻州
金阁寺·忻州，南山寺·忻州，惠济寺·忻州

晋中线

晋祠·太原，双林寺·晋中，镇国寺·晋中

晋南线

广胜寺·临汾，小西天·临汾，汾城古镇·临汾
福胜寺·运城，飞云楼·运城，解州关帝庙·运城
永乐宫·运城，鹳雀楼·运城

晋东南线

观音堂·长治，崇庆寺·长治，米山铁佛寺·晋城
陵川西溪二仙庙·晋城，小南村二仙庙·晋城
玉皇庙·晋城

跟着悟空游山西

全程路线

【线路一】大同市——朔州市

1. 云冈石窟（大同市云冈区云冈镇）

约 16 公里，约 32 分钟

2. 华严寺（大同市平城区下寺坡街 459 号）

约 0.7 公里，约 9 分钟

3. 善化古寺（大同古城南寺街 6 号）

约 66.3 公里，约 1 小时 24 分钟

4. 永安禅寺（浑源县永安镇永安西街）

约 6.3 公里，约 20 分钟

5. 悬空寺（浑源县大磁窑镇 203 省道恒山山腰）

约 83.8 公里，约 1 小时 48 分钟

6. 觉山寺塔（灵丘县桃花山风景区）

约 129.6 公里，约 1 小时 58 分钟

7. 应县木塔（朔州市应县应元街 1 号 - 休息点）

跟着悟空游山西

全程路线

【线路二】朔州市——忻州市

1. 应县木塔（朔州市应县应元街 1 号）

约 91.4 公里，约 1 小时 15 分钟

2. 崇福寺（朔州市朔城区东大街 94 号）

约 68.5 公里，约 1 小时 33 分钟

3. 石门悬棺（宁武县涔山乡芦芽山小石门村）

约 96.5 公里，约 2 小时 21 分钟

4. 惠济寺（原平市 114 县道练家岗）

约 41.2 公里，约 53 分钟

5. 延庆寺（五台县 002 乡道善文村）

约 8.8 公里，约 16 分钟

6. 南禅寺（五台县阳白乡李家庄村）

约 68.1 公里，约 1 小时 31 分钟

7. 南山寺（五台县台怀镇杨柏峪村，五台山风景区 - 休息点）

跟着悟空游山西

全程路线

【线路三】忻州市——晋中市

1. 南山寺（台怀镇五台山风景名胜区）

   约 14.5 公里，约 35 分钟

2. 金阁寺（台怀镇五台山风景名胜区 - 西侧）

   约 35.2 公里，约 53 分钟

3. 佛光寺（五台县豆村镇佛光村）

   约 192.6 公里，约 2 小时 26 分钟

4. 晋祠景区（太原市晋源区古塘路）

   约 70.3 公里，约 57 分钟

5. 镇国寺（晋中市平遥县郝洞村）

   约 20.9 公里，约 39 分钟

6. 双林寺（晋中市平遥县双林正街 28 号 - 休息点）

跟着悟空游山西

全程路线

【线路四】晋中市——长治市

1. 平遥县（平遥县）

约 197 公里，约 2 小时 19 分钟

2. 小西天（临汾市隰县滨河小区）

约 148.2 公里，约 1 小时 52 分钟

3. 广胜寺（临汾市洪洞县广胜寺镇）

约 164.7 公里，约 2 小时 9 分钟

4. 观音堂（长治市潞州区梁家庄村 - 休息点）

跟着悟空游山西

全程路线

【线路五】长治市——晋城市

1. 长治市（长治市英雄中路）

约 36.9 公里，约 1 小时 2 分钟

2. 崇庆寺（长治市长子县 685 县道紫云山山麓）

约 34.1 公里约 51 分钟

3. 米山铁佛寺（晋城市高平市工南与盖州街叉口北 400 米）

约 43.6 公里约 1 小时 4 分钟

4. 西溪二仙庙（陵川县陵西线西 50 米）

约 59.1 公里约 54 分钟

5. 玉皇庙（晋城市泽州县绕城高速路东）

约 11.7 公里约 19 分钟

6. 小南村二仙庙（晋城市泽州县金村镇东南村村北 - 休息点）

跟着悟空游山西

全程路线

【线路六】晋城市——运城市

1. 晋城市（晋城市凤台西街）

约 181.9 公里约 2 小时 31 分钟

2. 汾城古建筑群（临汾市襄汾县汾城镇）

约 17.3 公里约 29 分钟

3. 福胜寺（运城市新绛县泽掌镇新苏线）

约 63.5 公里约 1 小时 31 分钟

4. 飞云楼（万荣县解店镇西大街 8 号万荣东岳庙内 - 休息点）

跟着悟空游山西

全程路线

【线路七】运城市

1. 万荣县（万荣县东大街）

约 76.8 公里约 1 小时 13 分钟

2. 解州关帝祖庙（运城市盐湖区五一路 145 号）

约 44 公里约 53 分钟

3. 永乐宫（运城市芮城县永乐北路 128 号）

约 77.7 公里约 1 小时 34 分钟

4. 鹳雀楼（运城市永济市蒲州古城西向黄河东岸 - 休息点）

跟着悟空游山西

南京博物院 编著
官方授权、权威推荐
ISBN：978-7-5043-8892-6
作者：南京博物院 编著
定价：99.00 元
印装：16 开，全彩色、裸脊锁线精装

走进金陵古邑
纵观江苏文明五千年

一本博物馆

全国博物馆文物通识读本

陕西历史博物馆 编著
官方授权、权威推荐
ISBN：978-7-5043-8897-1
作者：陕西历史博物馆
定价：99.00 元
印装：16 开，全彩色，裸脊锁线精装

领略古都明珠风采
赏鉴华夏宝库神韵

一本博物馆

全国博物馆文物通识读本

导览册
轻科普

这是一本好看又好玩的朝阳文化探秘指南！

这是一本连接朝阳历史与未来的时空锦囊！

《观朝追梦》百集打卡视频，中央电视台主持人姚雪松邀您一起探寻和触摸，朝阳作为北京门户、水陆要冲的历史证据和动人的生命故事。

ISBN：978-7-5043-8833-9
作者：北京市朝阳区文学艺术界联合会 编著
定价：89.00 元
印装：32 开，全彩色，裸脊锁线精装

舒小峰

北京市政协委员
北京市文物局原局长

蔡蕃

中国水利史专家
《中国水利史典》专家委员会副主任

赵福生

中国文物史专家、文物鉴定专家
北京文物研究所原副所长

联袂推荐